Fritz J. Raddatz

NIZZA
mon amour

ARCHE
PARADIES

Je m'attarde voluptueusement dans cette Riviera où le printemps est une féerie. Tout le Mont Boron est une immense gerbe des fleurs et les roses foisonnent et pullulent le verger.

Jean Lorrain, 1902

Geradezu wollüstig verweile ich möglichst lange an dieser Riviera, wo der Frühling ein Zauberspiel ist. Der ganze Mont Boron ist ein unermeßliches Blumenmeer, und die Rosen quellen über, wuchern wie reife Früchte.

mon amour

Nizza? Nizza gibt es nicht. Es gleicht jenem berühmten Fächer mit dem Mallarmé-Gedicht, dessen Zeichen geheimnisvoll bleiben, der erst auseinandergefaltet seine Wortgeheimnisse preisgibt; so wird die Stadt und die unbedingt ihr zugehörige Umgebung erst schön, läßt man sich ihre Sonderbarkeiten zufächeln, die Eleganz der Belle-Époque-Paläste, errichtet von den russischen Adligen und reichen Engländern im 19. Jahrhundert, oder die stilsichere Perfektion der Art-déco-Häuser, denen gleichsam als Ausrufungszeichen die weiße Betonkirche Ste-Jeanne d'Arc aus dem Jahre 1931 im Quartier Libération hinzugefügt ist. Doch so weit und prächtig er aufgespannt sein mag – der Fächer (Mallarmé hatte Gedicht und Ball-Requisit seiner wenig geliebten deutschen Frau Maria-Christine Gerhard zugeeignet) kann abstruse Häßlichkeit, Nepp und die glitzernde Brillanten-Vulgarität der russischen »Nouveau riche«-Oligarchen nicht verbergen; wie deren Nationalhymne erscholl im Sommer 2006 der Notschrei aus den Luxushotels vom »Negresco« bis hin zum »Palais Maeterlinck«: »Hilfe, der Kaviar ist alle.« Zu diesem Ungemach wird es nicht kommen im Riesenbesitz, den oberhalb von Villefranche ein Russe für 50 Millionen Euro erwarb, dabei treuherzig versichernd, er werde auch 50 Gärtner beschäftigen. Zwar ist im Jahre 2007 die Zahl der russischen Milliardäre auf 71 im Vergleich zu 53 im Vorjahr gestiegen; aber nicht ohne Häme titelte *Nice Matin* im Herbst 2008: »Fin de la Fête pour les nouveaux riches russes?«

Nizza ist ein Plural. Ein Konglomerat der Mehrdeutigkeiten. Bereits das Ortseingangsschild lautet »Nice. Nissa«. Was ist das für eine Sprache? Oder ist es ein Dialekt? So manche Beschriftungen lesen sich gar seltsam: Place heißt Plassa, Rue heißt Carriera, und manchmal ergeben sich völlig andere Bezeichnungen; einer der größten Boulevards, nach Jean Jaurès benannt, wird auf »Lou Bastioun« getauft und die zentral gelegene Place Garibaldi, neuerdings herrlich restauriert, »Plassa Vitrou«. Die Rue de l'Ancien Sénat schreibt sich »Carriera dei Presoun«. Französisch ist das nicht, provenzalisch ist es nicht, italienisch ist es auch nicht. Dabei ja letzteres naheläge. Nizza hat eine wechselvolle Geschichte, viele Denkmäler hoch oben in den Bergen geben Auskunft, wie lange und wie oft es italienisch war und daß – auch, als es Italien gar nicht gab – der König von Sardinien sich etwa sein »Eigentümer« nennen durfte. Doch es gibt, wie für (fast) alles im Leben, eine Erklärung: Diese »Nizzardisch« genannte Sprache hängt mit eben jener verworrenen Geschichte zusammen: Die Vermischung von archaischen Ausdrucksformen aus dem Mittelalter mit der altprovenzalischen Sprache verdankt sich nicht zuletzt dem Umstand, daß die Grafschaft Nizza zwischen 1388 und 1860 verwaltungsmäßig abgetrennt war von der Provence. Das kann der Besucher nicht wissen, der für Mahlzeit (repas) »Lou part« am Restauranteingang liest oder sich noch heute (aujourd'hui) verabreden will, ihm aber »ancuéi?« (ach, heute?) als Rückfrage zuteil wird. Der piemontesische Offizier Louis Andrioli (1766–1838) verfaßte noch Anfang des 19. Jahrhunderts ein langes Poem in dieser alten Sprache, dessen erste beiden Zeilen sich so lesen:

»La fremo embe la sieu scarto doù iure l'espado
li arranco d'uno man la bandiero lunado«
(»La Femme écarte du Turc l'épée
lui arrache d'une main la bannière au corissant«)

Immerhin: Daß Nizza dann nach vielen Kriegen, Raubzügen, italienischen Eroberungen, Abtrennungen und Schlachten schließlich französisch wurde, mag dem Sprichwort recht geben, das da lautet: »Qui tient la langue tient la clef du pouvoir« – wer die Sprache spricht, hält den Schlüssel zur Macht.

Garibaldis Geburtshaus, gekennzeichnet mit einer stolzen Plakette – und aparterweise heute benachbart einer einschlägigen Sauna –, liegt am Hafen von Nizza. Er war von Geburt französischer Staatsbürger, später dann italienischer, wodurch ihm wiederum die Ehre verwehrt wurde, Mitglied der Pariser »Chambre des Deputés« zu werden. Das 2008 neueröffnete »Musée Masséna« – eine fürstliche Villa an der Promenade des Anglais, errichtet zwischen 1898 und 1900 vom Prinzen d'Essling, dem Enkel des Marschalls Masséna, und 1917 vom Sohn des Prinzen der Stadt geschenkt – gibt dem Unkundigen in vorzüglicher Gestaltung präzise Auskunft über die Geschichte und Geschicke Nizzas; etwa, daß während der Französischen Revolution Adlige hierher flüchteten, da die Stadt zum Königreich Sardinien gehörte und erst 1793 durch eine Proklamation des Convents die Vereinigung mit Frankreich vollzogen wurde. Wiederum hatte aber schon 1860 die »Comté de Nice« in einer Volksabstimmung den Anschluß an Frankreich beschlossen, später organisierte Napoleon von Nizza aus seine »italienische Armee« und nach der Revolution wurde die Grande Corniche hoch über dem Meer die erste befahrbare Straße nach Italien. So weit das alles zurückliegen mag: Noch heute gilt Nizza als die »italienische Stadt« Frankreichs, dessen fünftgrößte es – nach Paris, Marseille, Lyon, Bordeaux – ist. Ob der hübsche schwule Käsehändler oder die dicke Blonde mit ihren »Pâtes fraîches« – es gibt viele Geschäfte, in denen fast nur italienisch gesprochen wird, auch von den Kunden. An den Klingelschildern der Appartementhäuser überwiegen italienische Namen. »Sie kaufen hier alles auf«, freuen sich die Makler, aber meckern die Marktfrauen, die ihrerseits durchaus nicht französisch sein wollen, sondern eben »niçois«. Fingert eine wählerische Kundin allzu lange an den »Cœur de Boeuf« genannten großgerillten Fleischtomaten herum oder an jenen besonders köstlichen »Pomme d'Amour« genannten, kann sie leicht ein »Ah, les parisiennes!« zu hören bekommen und wird erst wieder freundlich bedient, wenn die Antwort lautet: »Moi, je ne suis pas parisienne, je ne suis pas même française – je suis niçoise.« Allen Ernstes teilt die Lokalzeitung *Nice Matin* die Gäste der begehrten Restaurants so ein: »Niçois, Français« – und dann kommen schon die Russen, »Britanniaques«,

»Italiens«; Deutsche nicht. An mir lobt man meinen hübschen »polnischen« Akzent. Deutschland liegt in Sibirien, irgendwo weit, weit weg im ewigen Schnee. »Deutschland?«, sagte mein Concierge, »ja, der Cousin meines Bruders war mal da, drei Tage in München – das ist doch bei Hamburg?« Man sollte auch, doch doch, immer noch, etwas vorsichtig sein bei kleinen alltäglichen Auseinandersetzungen. Als ich mich am Fischstand über eine sich vordrängelnde Dame laut ärgerte, legte der Kabeljauverkäufer zwei Finger quer über die Oberlippe – der Schnurrbart. Und als ich mich an der Tankstelle beschwerte, hieß es recht vernehmlich: »Rentrez chez vous«. Man muß stets eingedenk sein, daß auch hier im Süden Frankreichs deutsche Truppen marodierten, plünderten, mordeten. So recht behaglich kann einem nicht sein beim Einkauf in Nizzas »Galeries Lafayette«, wenn da links an einer Säule eingemeißelt steht:

Seraphin Torrin
– Franc Tireur –
Partisan Français
Fût Pendu ici
Le 7 juillet 1944
et Resta Exposé
Pour Avoir Résisté

À L'Oppresseur
Hitlérien
– Passant incline toi
Souviens toi –

Dasselbe, nur mit dem Namen Ange Grassi, an der gegenüberliegenden Säule, und auch in dem hübschen kleinen Café unter den Arkaden der Place Garibaldi schmeckt der Espresso besonders bitter, liest man die Inschrift »Ici Tomba en combattant le 28. Août 1944 Paul Vallaghé Âgé de 24 Ans Groupe Réné«.

So viele Städte in einer Stadt. Nizza, wie Rom erbaut auf sieben (oder mehr?) Hügeln, ist eine große siebenschwänzige Katze: mal auf Sammetpfoten und mal krallenkratzig; mal liebevoll schnurrend und mal fauchend; mal schmeichlerisch sich anschmiegend mit seidenem Fell und mal gesträubt wütig – dem eigenen vitalen Rhythmus untertan und sonst niemandem. Stolz, verschwiegen, rätselvoll und lasterhaft. Unergründlich wie jede schöne Frau. La ville ist weiblich. »La ville inconnue«, sang die Piaf, der Spatz, und entzückende kleine Nachäfferspätzinnen plärren dies vor so manchem Straßencafé, besonders gerne am »Palais de Justice«. Einen Baldachin aus Rosen hat man der zärtlich »Gassenjunge«, »le môme«, genannten Chansonette aufgespannt auf der kleinen Place Edith Piaf, eine Art Rosen-Voliere, aus deren geschwungenen Gittern die roten, gelben, orangefarbenen gefiederten Blüten hervorflattern wie ihr Lied.

Der Tanzfächer, die schöne Frau. Ich muß dem noch eine Metapher im Femininum hinzufügen – eine der ganz großen, staunens- wie bewundernswerten Besonderheiten, die Nizza und ihr herrliches Umland bieten; denn ich schreibe hier nicht nur meine Impressionen dieser Stadt nieder, die der hervorragende Frankreich-Kenner Johannes Willms einmal spöttisch »Stuttgart am Meer« genannt hat. Ich erlaube mir, den Fächer ganz weit auszufalten. Auf unseren Streifzügen werden wir mal bis Monte Carlo gelangen und mal bis Antibes, bis Villefranche, Èze und Vence ohnehin; einmal mit besonders kühn ausgreifendem Schritt gar bis Sanary-sur-Mer. Ein Juwel – Nizza – lebt ja auch durch seine kostbar ziselierte Fassung – die Umgebung –, und so ziert also, wie den schlanken Hals einer Schönen, mal vielfach eng gelegt, mal ohne Knoten weit ausschwingend, die erlesene Kette wunderbarster Museen unsere Stadt. »Nizza, 22. Januar 1892«, notierte Edvard Munch in seinem Tagebuch – das Datum gilt inzwischen als Geburtsstunde seines weltberühmten Gemäldes »Der Schrei«. Doch keineswegs immer – wenn auch oft –

geht es hier um »große Kunst«. So beginne ich meine weit ausgreifende Wunderreise in dem entzückenden Schmetterlingsmuseum im Château von Tourette-Levens, hoch oben an der alten Salzstraße nach Piemont gelegen. Da wispern dem Besucher Hunderte der »plus beaux papillons du monde« Märchen aus alten Zeiten und fernen Kontinenten ins Ohr: schillernd und in den schier unglaublichsten Farben leuchtend, als habe der liebe Gott emaillierten Lack auf die manchmal handtellergroßen Flügel getupft.

Vorher noch ein Blick in das charmante »Musée des Métiers Traditionels« gleich nebenan, ein winziges Kellergewölbe mit alten Gerätschaften, Eisenpflügen, hölzernen Weinpressen oder einer »Gaffe du charretier«, einem alten Kärrner-Geschirr, und all jenem Handwerksgerät, von dem Marx nicht zu Unrecht behauptete, an ihm manifestiere sich noch die nicht-entfremdete Arbeit der Menschen – und danach möchte man sich Zauberschwingen leihen und weit hinausschweben über die Berge und die liebliche Landschaft. Vielleicht würde man dann landen in dem nur fünf Kilometer von Nizza entfernt gelegenen Bergnest Falicon, gleich vor der Statue des »Ste-Vincent – Protecteur de Falicon« oder – kulinarischer – im Terrassenrestaurant »Au Thé de la Reine«; wem das Geld beim

Gleitflug nicht aus der Tasche geflattert ist, der kann auch im Luxusrestaurant »Parcours« sich gütlich tun, das große Menü für nur 55 Euro, aber eine Flasche Château Chasse Spleen für 106.

Leider bin ich kein Molkendieb, wie Schmetterling auf altdeutsch hieß, ich habe keine Flügel, sondern bin nur motorisiert und muß die gewundenen Straßen wählen; oder darf. Denn welcher Umweg bei der Erkundung der Umgebung auch genommen wird – er lohnt sich immer: etwa über das oberhalb von Nizza gelegene Asprémont, noch über dem Nobel-Vorort Gairaut mit seinen schönen Villen der Begüterten und langweiligen »Résidence«-Anlagen, zugeknöpft wie das Portemonnaie der dort wohlig Eingesperrten. Asprémont ist ein steinernes Nest, als hätten Riesenvögel der Urzeit es statt aus Reisig und Zweigen aus Felsbrocken zusammengetragen. Es ist so still, so frisch und luftig hier oben am Platz mit dem Kirchlein, man hört noch die mächtig ausgespannten Schwingen der einstigen gefiederten Monster – und man sieht, daß die auch Farbsinn hatten: Die Treppen und Gassen und winkelig-schief angelegten kleinen Häuser schimmern in einem grau scheinenden hellen Ocker. Die Monster hatten auch gute Augen, der Blick reicht bis zu der ins Meer leckenden Zunge des Cap d'Antibes.

Aber wieso Umweg? Umweg wohin? So eine Erkundungs- oder Ausflugsfahrt hat ja gemeinhin ein Ziel! Ja, ich habe ein Ziel, und zwar ein für mich »immerwährendes«. So, wie jeder Paris-Aufenthalt ganz unbedingt bei Monets Seerosen im Jeu de Paume beginnen muß und anschließend im Louvre bei dem kleinformatigen »Apollo und Marsyas« von Perugino fortgesetzt wird; so wie ich jeden Aufenthalt in New York vor den Tiffany-Wänden im »American Wing« des Metropolitan Museums beginne – so existiert Nizza für mich nicht ohne einen Besuch im Chagall-Museum in der Avenue Docteur Menard. Mag sein, daß ich dem Hang der Franzosen zur Übertreibung erliege, die ja jedes noch so miese Mietshaus »Palais Mimosa«, »Château Comtesse Durant« oder »Château Chambrun«, wenn nicht gleich »Palais Mozart« nennen oder ein graues Eckhaus an einer Vier-Straßen-Kreuzung »L'Orangerie« taufen und selbst den scheußlichsten Plattenbau noch durch einen Namen wie »La Palladio« veredeln und ungeniert sagen können: »J'adore cette soupe« (während unsereins ja eher selten eine Suppe anbetet). So sage ich dennoch: Es ist eines der schönsten Museen der Welt. Schon der Olivengarten, die Lavendelbüschel, die Zypressen vor der strengen grauen Marmorwand des modernen Gebäudes sind Verheißung. Ich versage mir die lyrische Emphase nicht; man möchte herbeischweben im weißgefiederten Brautkleid jener Wolken-Feen hoch über den irdischen Dächern von Hütten und Palästen, die man alsbald als Sternschnuppenfrauen erblickt, an Monden entlangsegelnd und in den Zaubergärten der lila Violinspieler umherirrend. Emphase hin, Lyrik her – das Chagall-Museum in Nizza beherbergt ganz gewiß die ungewöhnlichste Kollektion des russisch-jüdischen Märchenmalers (kurzfristig Kunstkommissar der jungen Sowjetrepublik). Die Sammlung enthält – Stiftung seiner Erben – ausschließlich Meisterwerke: auf feuerrotem Hintergrund »Abraham und die drei Engel« (mit schneeweißen Flügeln); »Noé et l'Arc-en-ciel« – ein mächtiger weißer Strahl der Hoffnung auf grünem Grund über dem Gewimmel der verängstigten wie erlösungsbedürftigen Menschen in Ocker, Grün, Blau – Illustrationen der Genesis IX,12; oder »Le Frappement du Rocher«, eine vollkommen wundersame Farbkomposition aus Braun, Grün, Blau, ganz lichtem Gelb – die Farben sind die Wunder jenes Steins, von dem in Exodus Kap. 17, Vers 5 und 6 die Rede geht: »... nimm deinen Stab in deine Hand, mit dem du den Nil schlugst [...] da sollst du an den Fels schlagen, so wird Wasser herauslaufen ...« Wie erschrocken wandert man durch so viel Schönheit, ehrfürchtig auch, es sind ja nicht nur die biblischen Legenden vom Paradies, von den Frauen der Bibel, »Rachel et Lea« und »Sara et Rebecca«, die zu Form geworden sind (beides Bas-Reliefs in unpoliertem weißem Marmor), es ist eine einzige Lohe aus Farbrausch in Orange, Blaßlila, brennendem Rot. Das sind keine Gemälde mehr. Das ist die Flammenschrift gläubiger Hoffnung, hineingeschrieben in die Himmel, die sich über dem irdischen Jammertal wölben, über allem, über uns allen. Chagall schenkt uns ein Zeichen jener Demut, die auch in der Gebärde des von ihm entworfenen Taufsteins den Betrachter anrührt und innehalten läßt – an einem nun wiederum anderen Ort dieses gesegneten Landstrichs, von dem ich noch berichten werde.

Chagalls Kunst ist auch ein einziger großer Gesang von der irdischen Liebe, gelangt man in das »Rote Zimmer« und liest man erst einmal seine Handschrift »A Vava ma femme ma joie et mon allégresse«. Die Intensität der Bilder ist fast erdrükkend. Schöner ward nie Liebe formuliert. Nun ist man alt und hat das Leben ausgeschritten. Doch wer aus diesem Museum ohne Ergriffenheit davongeht, der hat nicht gelebt. Und wer Glück hat, kann in dem kleinen Theatersaal sogar ein gutes Konzert hören – und das ist schon ein doppelter Genuß: Da geht man vorbei an den fünf groß gelungenen Werken »Le Cantique des Cantiques«, dürstenden Auges, und kann nun auch noch Mozart oder Bach hören, staunenden Ohres. »Comme la vie est belle«, sagen die Franzosen gerne bei einer besonders raffiniert zubereiteten Mahlzeit. Ich will gerne beichten: Mit aufgewühlten Sinnen fröne ich nach dem Chagall-Besuch dieser Sinnlichkeit. Denn da es nun schon mein Lieblingsmuseum ist, gehe ich wie immer anschließend in mein Lieblingsrestaurant, das »L'Univers«, wo der stets liebenswürdige Chef Michel schon vor der Bestellung »une coupe de champagne« bereithält und noch vor der Speisenwahl sagt: »Und zum Dessert wie immer das Soufflé Citron, Monsieur?« Comme la vie peut être belle …

Keineswegs und keinesfalls durchgängig ist es das aber in Nizza. Durchaus gilt es aufzuräumen mit allerlei gängigen Klischees, selbst wenn man die alte Weisheit gelten läßt, das Wesen des Klischees sei es, daß es stimmt. Etwa das vom charmanten Südfranzosen – der in Wahrheit oft pampig und aggressiv ist, inklusive Vogelzeigen im Autoverkehr oder brutaler Drängelei im Bus; allenfalls schlagfertig kann er sein – so, wenn ich mit einem jüngeren Freund eine Brasserie betrete und es heißt »Ah – père et fils«. Oder das Klischee von der zauberhaft schönen Promenade des Anglais, gesäumt von eleganten Hotels: In Wahrheit ist das sagenumwobene »Negresco« ein Gipfel an zirkuspferdhaft dekorierter Geschmacklosigkeit, wobei die russischen Mafia-Milliardäre alle ihre gleich-blonden, gleich-langbeinigen Mädchen bei AVIS offenbar gleich mitbestellen.

Um das Hotel »Negresco« – manche nennen es wegen seiner Kunstschätze gar »das schönste Museum Nizzas« – ranken sich viele Legenden. Es habe schon 1913, als der rumänische Violinspieler Henri (Heinrich) Negresco den Palast mit 420 Zimmern eröffnete, sieben gekrönte Häupter beherbergt, und noch 2008 führte die Allein-Eignerin Jeanne Augier auserlesene Gäste zu ihrer Kunstsammlung, etwa den Teppichen von Raymond Moretti; die Kuppel des »Salon Royal« wurde von Gustave Eiffel entworfen, und Madame achtet peinlich darauf, daß die geliebte venezianische Maske auch ordentlich in Zimmer 86 hängt. Doch das Hotel verkam im Laufe der Jahre. Als die Mutter von Madame Augier nach einer Operation gelähmt war, fand sich nur in dem alten Palast ein Lift, der groß genug für den Rollstuhl war. So kauften Madame Augier und ihr Mann 1957 gleich das ganze Hotel – damals führte der Haupteingang noch nicht auf die zu sonnige Promenade des Anglais; elegante Menschen waren früher blaß, sonnengebräunt eher die Bauarbeiter. Heute hat sich das Haus gleichsam gedreht, der ehemalige Eingang auf der Rückseite zeigt Klingelschilder von bescheidenen Appartements, geprotzt wird nach vorne raus. Aber ob damals oder heute – die Liste der erlauchten oder wenigstens prominenten Gäste ist lang: von Präsident Eisenhower über die rabaukigen Rolling Stones und Elton John, der ein eigenes Zimmer für seine 300 Brillen buchte, bis zu weiland Salvador Dalí mit seinem Begleiter, dem Jaguar, an der Leine. Heutzutage gilt Meeresblick, möglichst vom Dachgarten, und noch immer gilt ungebrochen der Stolz der Besitzerin: Auch kaufsüchtige Liebhaber des Hauses weist sie ab – einen Blankoscheck von Bill Gates schickte die knapp 90jährige Herrin ungenutzt zurück. Die alte Dame kann auch recht wehrhaft sein. In einem emphatischen Gespräch mit dem Bürgermeister protestierte sie gegen den geplanten Bau einer Straßenbahn vom Flugplatz entlang der Promenade des Anglais. Sie, die ihr Hotel für ein Wahrzeichen wie den Eiffelturm hält, schrie den Chef der Stadtverwaltung an, das bedeute den Tod aller anliegenden Hotels, schließlich verunziere man auch nicht die Champs-Élysées mit einer Straßenbahn, und sie scheute sich nicht, ihre Tirade mit Argot-Vokabeln wie »fric« (= Zaster) zu verzieren.

Dergleichen ausgeschmückte Fabeln ließen sich auch nachspinnen vom leicht protzigen, allerdings mit schön restaurierter Art-déco-Fassade prunkenden Hotel »Palais de la Méditerranée«, das Klaus Mann schon 1931 verspottete. Doch die »Promenade« ist keine Promenade mehr (als welche Bilder aus dem 19. Jahrhundert sie noch zeigen), sondern eine vier- bis sechsspurige Schnellstraße, erfüllt von ohrenbetäubendem Hupen und dem Krach schwerer Motorräder, auf denen die Franzosen ihrer Vorliebe für motorjaulende Raserei freien Lauf lassen; die Bewohner der diese Rennstrecke säumenden seelenlosen (dafür überteuerten) Wohnkästen müssen ausnahmslos taub sein.

Überhaupt der Autoverkehr: eine Olympiade der Lebensmüden, Rücksichtnahme allenfalls beim Einparken oder beim Nichtbeachten kleiner Lackschrammen; ansonsten herrscht der blanke Horror, dem allein in den ersten Monaten des Jahres 2007 insgesamt 25 Fußgänger zum Opfer fielen; im 1. Halbjahr 2008 zählte man 18 Verkehrstote, und im selben Zeitraum wurden vom Radar 430 000 Geschwindigkeitsüberschreitungen gemessen. Blinken ist offenbar polizeilich verboten, aber wenn *links* geblinkt wird, heißt das garantiert, der Wagen biegt nach *rechts* ab. Sausend wird rechts überholt, in den vielen Tunnels oberhalb von Nizza möglichst ohne Licht; die häufig schwer verunglükkenden Motorrad-Jetpiloten führen vollends staunenswerte Tango-Tänze auf: links vorbei, rechts vorbei, in Schlangenlinien die Autos umknatternd, deren Fahrer einem ihrerseits wütend das Fernlicht in den Rückspiegel blenden, fährt man ihnen nicht schnell genug: auf der Autobahn »nur« 160 km/h (120 sind erlaubt). Auf der kurzen Strecke Nizza–Cannes bin ich bereits einer Ohnmacht nahe, und mir scheint, die vielgescholtenen Teutonen sind, verglichen damit, mit dem Tretroller unterwegs. Fußgänger am Zebrastreifen reagieren entsetzt bis hin zum Kopfschütteln oder zu einem erstaunten Dankesgruß, hält man den Wagen an – das ist für sie ungewöhnlich und hier fast unbekannt; normalerweise riskiert sein Leben, wer einen Zebrastreifen betritt. In jedem Fall muß man sich klarmachen, daß Nizza ein lärmiger Hexenkessel ist. Im Sommer 2008 lautete die Balkenüberschrift der Lokalzeitung: »Der Krach bringt die Einwohner mehr und mehr zur Raserei – Autos, Motorräder, Flugzeuge, Eisenbahn, Straßenbahn, Diskotheken: Lärm jeder Art vergiftet das Leben der Bevölkerung von Nizza.«

Zwei weitere Warnungen sollen nicht ausgespart bleiben. Die eine gilt dem vielgepriesenen und zur Touristenwerbung gehörenden Blumenmarkt, der fast nur holländisches Gestrüpp feilbietet, soeben zerknautscht in Pappkartons eingeflogen: abgeknickte Gerbera oder zusammengepreßte Tulpen, die Schönheiten der Provence bis auf wenige Ausnahmen – mal ein Zitronenbäumchen, mal ein Calla-Töpfchen – wie ausgemustert. Dafür wird jedes Alpenveilchen, bekanntlich eine besonders exotische Blume, endlos fotografiert – von jenen Opfern einer Gaukelindustrie in ihrer »schleichenden Filzsockenbegeisterung«, wie das der konsternierte Nietzsche damals schon nannte, als es noch keine Reisebusse mit Klo und Fernseher gab. Und hier kommt die zweite Warnung: vor jenem »Vieux Nice«, in dessen einst so pittoreske enge Gassen diese Ausgewrungenen mit ihren Sandalen, Rucksäcken, Kameras und teenager-flammenden Blusen herdenweise hineingepreßt werden: La Promenade de Kitsch. Die touristenkäschernde Häßlichkeit, der Betrug an den Unglücklichen aus Budapest oder Düsseldorf, ausgespien aus den Kreuzfahrtschiffen in Horden, ist geradezu beleidigend: Plüschfrösche als Klopapierhalter, »Kunst aus Tahiti«, Michelangelos »David« in Seife gehauen, Ölbilder – so scheußlich, daß man Bindehautentzündung bekommt beim Hinsehen: ein Graus. Die winzigen Läden mit handgezogenen Nudeln oder die Werkstätten, in denen ein alter Mann noch liebevoll Bücher per Hand in Leder bindet, verstekken sich verschreckt.

Dabei bietet Nizza dem mußevollen Flaneur so unendlich viel Schönes, jene »Verzückungsspitze der Welt«, um noch einmal Nietzsche zu zitieren, an den durch eine Inschrift an seinem Wohnhaus in der Nähe des Hafens erinnert wird. Nietzsche, der Sprachkünstler und Emphatiker, hat bekanntlich in einem Brief an seine Schwester bedauert, daß er Nizzas Farben nicht für sie pflücken, ihr kein Bild schicken kann von der durchsichtig erscheinenden, wie durch ein Silbersieb gegangenen Pracht. Noch im Jahr 2008 hat die in Nizza geborene französische Schriftstellerin Véronique Olmi in ihrem Roman »Die Promenade« diesem Lichtwunder Tribut gezollt: »Morgens ist Nizza zu klein für die Sonne. Das Licht breitet sich überall aus, es kommt vom Himmel herunter und legt sich auf die Dächer, die Straßen, das Meer, die Hügel, es streckt seine Tentakel aus wie eine kochend heiße Krake, und dann zieht es sich zusammen, verdichtet sich, unmöglich, ihm zu entgehen, und den ganzen Tag werden die Leute über nichts anderes reden.«

Selbst das etwas oberhalb gelegene »Quartier Nice Nord« mit seinem Gespinst aus Dichter-Straßen, wie Avenue Chateaubriand, Rue George Sand, Rue Baudelaire, und einer kleinen Parkanlage, in der alte Damen ihre Hündchen spazierenführen und alte Herren auf Bänken die Weltprobleme lösen, läßt noch an Tucholskys Dank-Gedicht an Paris aus dem Jahre 1924 denken:

Parc Monceau
Hier ist es hübsch. Hier kann ich ruhig träumen.
Hier bin ich Mensch – und nicht nur Zivilist.
Hier darf ich links gehen. Unter grünen Bäumen
sagt keine Tafel, was verboten ist.

[…]

Die Kinder lärmen auf den bunten Steinen.
Die Sonne scheint und glitzert auf ein Haus.
Ich sitze still und lasse mich bescheinen
und ruh von meinem Vaterlande aus.

Trotz der vielen verschandelnden Nützlichkeitsbauten finden sich hier wie im benachbarten Cimiez noch langsam verfallende, aber oft sorgsam renovierte alte Villen hinter kunstvoll ziselierten Eisengittern, gebettet in Palmen- und Kakteengärten. Cimiez war wohl von alters her das vornehmere Viertel über der Stadt, das zeigen die herrschaftlichen stuckverzierten Gebäude der Belle Époque, alles überragend das »Palais Victoria«, ein enormer, aber wohlproportionierter Kasten (heute aufgeteilt in Eigentumswohnungen), den sich einst Queen

Victoria als Winterresidenz errichten ließ. Matisse wohnte und arbeitete hier, man kann ihm gleichsam posthum ins Fenster schauen vom unweit in einem prächtigen Park gelegenen Museum, das zwar seinen Namen trägt, dessen Bestände aber eher enttäuschend sind. Dem Meister begegnet man noch oft, nicht zuletzt – oder eben doch »zuletzt« – auf dem Friedhof von Cimiez, auf dem, versteckt und in seiner Einfachheit tief berührend, sein Grab liegt. Hier ist auch Raoul Dufy begraben, neben seiner Frau Eugénie Brisson, die aus Nizza stammte; er selber lebte nie in Nizza, nur kurz auf der Flucht nach Kriegsausbruch. So hat er hier auch kein »eigenes« Museum, aber im »Musée des Beaux Arts« – neben Arbeiten des großen van Dongen – hängen großartige Bilder von ihm.

Es gibt einen alten Friedhof am Hang des Schloßbergs von Nizza, des »Colline du Château«, mit einem gesonderten Teil für jüdische Gräber; auf den Grabsteinen kann man die Geschichte der jüdischen Einwanderung (aus Rußland, Polen, dem Maghreb) nachlesen; in der Mitte liegt, sorgsam eingefaßt, die Ruhestätte eines berühmten Rabbiners. Doch wie so viele Friedhöfe bietet auch dieser ein Panoptikum von Gegensätzen. Eben noch winkt eine steinerne Armee blumenstreuender Jungfrauen, segnen triumphierende Engel, flehen weinende Witwen und blicken siegreiche Generäle – da steht man vor einem Stein – »Mort pour la France au Camps de Déportation de Bergen-Belsen, Allemagne« – und schaudert. Viele der Grabmäler wirken mit ihrem polierten schwarzen Marmor und den Elfenbein-Intarsien wie elegante Möbel mit bronzenen Art-déco-Türen oder kunstvollen Jugendstilkeramiken, glasierte Porzellanrosen davor. Es wundert nicht, daß diese Feier des Irdischen ihren Höhepunkt findet in einem alles überragenden Engel, der über »Madame et Monsieur François Grosso – ancien Président du Tribunal de Commerce« schwebt. Verwunderlich, wenn nicht gar verstörend dann – wäre nicht das Wort Kommerz hier auch angebracht? – das arg schlichte – ihm u. a. mit den Worten »... a brillamment contribué au ce nouveau moyen de transport« gewidmete – Grab des Daimler-Benz-Konstrukteurs Emil Jelinek; er gab dem Fahrzeug den Vornamen seiner Tochter Mercedes, also der Ahnherr einer gigantischen Industrie; es wurde zwar 1982/83 von der Firma Daimler-Benz renoviert, aber eher kärglich: eine einzige Blume per Dauerabonnement – Fehlanzeige; ein solcher Auftrag an die Friedhofsverwaltung ist offenbar in der Stuttgarter Kalkulation nicht vorgesehen. Schändlich.

Ich will nicht übertreiben und mich zum Trostsuchenden stilisieren – aber schön ist der Gang zur ursprünglich (1546) dem Benediktinerorden unterstehenden »Notre Dame de l'Annonciation«, einer hoch oben über der Stadt in Cimiez gelegenen Kirche inmitten eines Rosengartens. Ihre Fassade ist im 19. Jahrhundert in jenem Stil der »Troubadourgotik« erneuert worden, den wir auch Neogotik nennen, aber der stille Bogengang reicht noch bis 1662 zurück, das Haupt-Kirchenschiff gar bis ins 15. Jahrhundert. Allein die drei Altarbilder von Louis Bréa (1475) und seinem Bruder Antoine sind sehenswert; nicht zufällig nennt man Louis Bréa auch den »Fra Giovanni Angelico der Provence« – die Reinheit seiner Pietà nimmt den Betrachter doch mehr gefangen als der Totenprunk des eben verlassenen Friedhofs.

Nun aber hinunter in die Stadt. Auch dort können wir Matisse noch einmal ins Fenster schauen, sein großes Atelier-Dachgeschoß überragt die Cours Saleya, gesäumt von den niedrigen Häuschen der Rue Ponchette; auf alten Stichen kann man erkennen, daß hier die Fischer ihren Fang einbrachten, und heute gibt eine andere Plakette Zeugnis davon, daß von 1940 bis 1941 hier Louis Aragon mit seiner Frau Elsa Triolet wohnte – Aragon, der das wohl versponnen-gelungenste Buch über Matisse schrieb, Aragon, der zu eben jener dunklen

Zeit Frankreichs das unvergeßliche Gedicht »Les Lilas et les Roses« verfaßte, seinen Schmerzensgesang über das von Hitlers Wehrmacht besiegte Frankreich:

O Mond der Blütenfülle Mond der Metamorphosen
Mai wolkenlos und Juni von scharfem Dolch durchwühlt
Nie werd ich dies vergessen den Flieder und die Rosen
Und jene die der Frühling in seinem Schurz behielt.

O mois des floraisons mois des métamorphoses
Mai qui fut sans nuage et Juin poignardé
Je n'oublierai jamais les lilas ni les roses
Ni ceux que le printemps dans les plis a gardés.

All das fügt sich für den Spaziergänger, der mit Neugier und Wachheit diese Stadt erobern will, zu einer großen Inszenierung. Genau hier nämlich, sozusagen zwischen Matisse und Aragon, findet jeden Montag einer der typischen Flohmärkte statt, wie sie sich als Tummelplatz der Sammel-Lüste auch in kleinen Bergdörfern, im eher schon eleganten Fayence oder im Badeort Villefranche (für einen Euro per Bus von Nizza zu erreichen), präsentieren. Diese Freilichtmuseen, begehbare Herbarien der tausend niedlichen Nichtigkeiten, der »petits riens«, gehören dazu wie jedes Bistro oder der (leider aussterbende) »Zinc«, was soviel heißt wie Tresen, wo man an der Theke zum obligaten Vin rouge seine Gauloise raucht(e); Tummelplatz also der Schlenderer-Verspieltheit ins Nützlich-Unnütze: verblichene Orden und Omas gestrickte Bettschuhe, neue rote Troddeln für die alten Samtportieren und kleine Kristallscherben von alten Lüstern, hier eine verbeulte Reisetasche, dort ein Hutständer oder sich küssende Elfenbeinelefanten als Messerbänkchen. Leicht großmäulig kann man Schiller zitieren: »Der Mensch spielt nur, wo er in voller Bedeutung des Worts Mensch ist, und er ist nur da ganz Mensch, wo er spielt.« Aber es braucht gar nicht ein solch schwergewichtiges Bildungs-Quiz, man kann sich ganz einfach als Spielzeug-Fetischisten verstehen – ein Handschuhspanner, ein monströses Bügeleisen mit Klapptürchen für die glühende Kohle, absonderlichste Apparate aus Holz und Messing zum Fotografieren oder Telefonieren: der Flohmarkt-Flaneur ist recht eigentlich ein Zivilisationsarchäologe und erfreut sich am Bewahren des Fortgeworfenen. Lüstern betrachtet er in unserer Gegenwart von Digitalkamera und Handy die menschengemachten Fossilien, die Vergangenheit, da man noch feinziselierte silberne Etuis mit passender Zigarettenspitze benutzen durfte, ohne ein Halbkrimineller zu sein, und sich nicht dunkellila Plastikfingernägel an das hübsche Supermarktkassiererin-Händchen steckte, sondern sich eines edel geformten, mit weichem Leder gepolsterten Fingernagelpolierers bediente. Dieser Schnickschnack-Rummelplatz ist Schaubude wie Schaubühne: ergötzlich zu sehen, wie dort, wo unter der Woche Morcheln (im Frühsommer) oder Steinpilze (im Herbst) aufgeschnitten werden, damit der Marktkunde sieht: keine Maden; nun eine Kokette ein Samtbarett aus dem Kleiderschrank der Lempicka anprobiert oder ein reiherfederwippendes Strohungetüm aus dem Boudoir der Mistinguette. Wobei der Gewiefte auf diesen Wandelpfaden des Krimskrams auch Kostbares finden kann – einen Daume-signierten Aschenbecher, eine Lalique-Schale, ein intarsienverziertes Möbelchen –, Souvenirs als kleines Glück.

Gewiß, das alles hat auch etwas Kleinbürgerliches, es werden ja auch alte Lederreisewecker von Passanten an die Budenbesitzer verkauft, Mutterns verfilzter Pelzumhang oder Opas geschnitzter Spazierstock. Nizza ist zu guten Teilen eine ganz bürgerliche Stadt, deren Wahrzeichen sind keineswegs so alberne Ecken wie das nuttig glitzernde Automaten-Casino »Ruhl«. Und die Zeiten, da man eine berühmte Mondäne die »Notre-Dame der Sleeping-Cars« taufte, sind wohl endgültig vorbei. Normalität herrscht vor in einem atmenden Gemeinwesen mit Büros, Banken, Versicherungen, Anwaltskanzleien und Kliniken. Vom Balkon nebenan kann man hören, wie das Enkelkind mit der leicht seltsamen Ermahnung »Und noch ein Löffelchen für den Präsidenten« gefüttert wird, während Vattern sonntags vor der Garageneinfahrt den Wagen wäscht. Kleinbürgerlichkeit und Bürgerlichkeit sind eng benachbart, beides zusammen schafft eine besondere Atmosphäre. Sehr spezifisch ist wochenends das Publikum der einfacheren Restaurants – Beispiel das »Gambetta« an der Place de Gaulle; da sitzen die Herren in Anzug und Krawatte, Typ frühpensionierter Beamter (gerade kämpft Präsident Sarkozy gegen das Privileg der Staatsangestellten, schon mit 50 bei vollen Bezügen in Pension zu gehen), im Revers oft die kleine, aber sichtbare Rosette einer der in Frankreich so beliebten wie zahlreichen Auszeichnungen und Orden; sie trinken erst mal ein gezapftes Bier, Madame – frisch onduliert – bekommt ein Glas Champagner. Das ist nichts Besonderes und hat nichts zu tun mit dem abgespreizten kleinen Finger: Champagner ist hier ein Getränk wie der Apfelsaft für die Kinder. Ebenso selbstverständlich das enorme Plateau mit Austern, Krebsen, Seeigeln und Tintenfisch, wahre

Stil-Leben als Hauptgang; aber nie ein Hauch von »Was sind wir heute vornehm«. Es ist eine handfest-biedere Lebensfreude, auch noch wenn die zweite und dritte und vierte Flasche Wein kommt, und schon die Kinder wissen perfekt mit Hummerschere und Fingerschale umzugehen. Sie hat einen Frisiersalon, er ist selbständiger Plombier, sie haben den Steuerberater eingeladen und dessen etwas üppige Schwiegertochter, das Gespräch kreist nicht um Ariane Mnouchkine, eine Thailandreise oder den Roman des neuen Chefredakteurs von *Le Monde*, sondern darum, ob der alte Peugeot es noch ein weiteres Jahr macht, wann das Enkelkind zur *École maternelle* kommt und daß die Miete viel zu hoch ist. Nichts ist grob, nichts ist ordinär. Weit weg die Hotel-Safes, die kaum noch die Koffer der Brillantuhren-Russen voll Hunderttausender von Dollar fassen können (wie bekommt man so einen Koffer eigentlich durch den Zoll?). Weit weg auch der Klatsch, man habe Eliette Karajan eine große Louis-Vuitton-Tasche voller Diamanten vom Schoß gerissen, als der Rolls-Royce nur für Minuten hielt, weil eine Freundin schnell die Abendzeitung am Kiosk holen wollte. Mag sein, das ist eine bösartige Anekdote wie die vom perfekt-lautlosen Einbruch auf dem Riesenbesitz der Familie Klatten in Antibes: Während die BMW-Milliardäre weit hinten im Park déjeunierten, sei der Safe ausgeraubt worden. Wenn das alles auch nur lecker aufgebauschte Illustriertenstories sein mögen – ungefährlich leben die von Videokameras und Bodyguards mit Hunden bewachten Reichen nicht. Leicht gruselig ist Nizza schon, dessen Morgenzeitung einen Stadtplan abdruckte, auf dem accuratissime die Straßen-strich-Bezirke eingezeichnet waren, je nach Geschmacksrichtung säuberlich sortiert – hier die bulgarischen Strichjungen, dort die afghanischen Mädchen. So ist Nizza auch ein großes Haus, in dem sich's leben läßt: mit parkähnlichen Gartenanlagen – einer der schönsten die Place Alsace Lorraine –; mit Eßzimmer, gelegentlich von einem Sternekoch versorgt; mit Spielzimmer namens Casino; mit Gästen – 1890 kamen bereits 22000, im Jahr 1910 waren es dann bereits 150000; und mit rauchig-anrüchigen Ecken. »Mais Nice – c'est Chicago«, sagte der Hausmeister, als meiner Putzfrau das Moped geklaut wurde; und der Kollege Klaus Harpprecht fragte warnend-verwundert, als ich ihm erzählte, ich lebte winters seit Jahren in Nizza: »Aber Raddatz – das ist doch sehr gefährlich, oder?« Zeitungsberichte über Kuppelei in einem kleinen Hotel lesen sich eher rührend, der von der Yacht eines Scheichs gestohlene Picasso ist dann schon für ein Hollywood-Drehbuch geeignet. Wie man weiß, wurde Graham Greene, seit vielen Jahren in Antibes wohnend, seines Lebens nicht mehr froh, nachdem er in einem Kolportageroman die mafiosen Strukturen (zumal der Behörden) präzise geschildert hatte.

Nun bin ich nicht auf der Welt, um über das schreckliche Schicksal der armen Reichen nachts in meine Kissen zu schluchzen. Man kann – kurzfristig – diese Karl-Lagerfeld-Welt (»Oh, I love Karl, he is so wonderful«) auch komisch finden. Der Zufall und Inge Feltrinelli, immer freundschaftlich bereit, Verbindungen zu knüpfen, wollten es, daß ich für zwei »Saisons« in diese Society geriet. Der Tatort: ein prachtvoller Besitz in Èze-Bord de Mer (also nicht oben in Èze-Village, wo auf der Bergkuppel ein Luxushotel liegt), der einer italienischen Marquesa gehört, eine eigene vorgelagerte Insel für den Pool inklusive. Es war ein ganz kleines Déjeuner für nur 40 Personen, die mit kostbaren Antiquitäten möblierten Räume durch schwere Portieren abgedunkelt und vor der Sonne geschützt; man lebt an der Küste der Sonne, um eben diese zu meiden – schlecht für den Teint. Im Zeitraffer wiedergegeben verliefen die mehrsprachigen Gespräche etwa so:

»Ich hatte Sorge, zu spät zu kommen, es gab einen langen Stau, und ich kannte die Einfahrt der Privatstraße zur Villa nicht.«

»Ach, Sie sind mit dem Wagen hier? Das hätten Sie nicht tun sollen – wir kommen immer mit unserer Yacht.«

»Sie sind Schriftsteller? Was schreiben Sie denn so?«

»Romane, Biographien, Essays.«

»Interesting« (was, wie man weiß, soviel heißt wie: sterbenslangweilig).

»Wir haben dieser Tage auf ARTE das Porträt eines deutschen Romanciers gesehen – den Namen haben wir vergessen.«

»Siegfried Lenz?«

»Exact, est-ce qu'il est bon? Et fameux?«

»Oui, Madame.«

»Et vous – vous travaillez vraiment chaque jour, toute l'année?«

»Oui, Madame.«

»Formidable« (was, wie man weiß, übersetzt heißt: Das interessiert hier keinen Menschen).

»Et Thomas Mann, vous l'aimez?«

»Ja, Monsieur, sehr. Ich habe gerade dieser Tage das Grab seines Sohnes in Cannes besucht. Er beging dort Selbstmord.«

»How terrible. Why did he do that? I know the movie he made with Marlene Dietrich.«

»I'm very sorry to be impolite, but the movie was made after a novel of Thomas Mann's brother

Heinrich Mann, and it was another famous German author, Carl Zuckmayer, who did the script.«

»Oh.«

»Et vous – qu'est-ce que vous faites comme profession?«

»Je m'occupe de la fortune de notre famille. C'est pourquoi j'habite à Londres et parfois à Francfort.«

»Dann können wir ja deutsch reden. Wissen Sie, apropos Klaus Mann, den die Dame eben erwähnte – Anfang der 30er Jahre lebten viele Antinazi-Emigranten in Südfrankreich, allein in Nizza die Autoren Joseph Roth, Heinrich Mann, Walter Hasenclever, Hermann Kesten, René Schickele, Schalom Ash. Man kann heute noch die Gedenktafel für den berühmten Journalisten Theodor Wolff sehen, auch er Emigrant in Nizza. Er wurde von der Gestapo verschleppt und ins KZ Sachsenhausen verbracht. In Sanary-sur-Mer gab es eine ganze Kolonie von Berühmtheiten – Thomas Mann, Franz Werfel, Lion Feuchtwanger.«

»Interesting.«

Der junge Mann, dessen Beruf es war, das Familienvermögen zu verwalten, war degoutiert. Ich hatte die Regeln des französischen Salons verletzt, ich hatte drei zusammenhängende Sätze gesprochen. Der behendere Fisch im Aquarium war der

Fotograf Helmut Newton, mein Tischnachbar. Als dessen Tischdame herausgefunden hatte, daß sie neben einer Berühmtheit saß und ihn in ihr Haus – »gleich gegenüber, wir haben ein großes Anwesen auf Cap Ferrat« – einladen wollte, sagte dieser mit eisiger Höflichkeit: »Thank you so much – but I am a one-lunch-stand.«

Die Dame des Hauses – ich besuchte sie noch einige Male –, stets mit elegantem Understatement ohne Schmuck gekleidet, hatte sich allen Ernstes die englische Ausgabe meiner Marx-Biographie besorgt und das Buch für »fascinating« befunden. Und sie hatte Stil. Während eines großen Diners mit diesmal ca. 100 Gästen aß sie keinen Bissen, trank keinen einzigen Schluck – und war noch selbige Nacht tot.

Nun hatte ich aber den smarten jungen Mann, dessen Beruf es war, das Familienvermögen zu verwalten, mit meinen paar trotzig hingeworfenen Brocken doch arg gelangweilt. Doch langweilig ist weder das Gedächtnis noch die Erinnerung; letzteres ein intransitiver wie transitiver Begriff – man kann sich selbst erinnern, und man kann andere an etwas erinnern. Deshalb erlaube ich mir, der ich ja kein Reiseführer-Autor bin, sondern Schriftsteller mit Gedächtnis und voll von Erinnerung, hier einen sehr weit ausschlagenden Fächer zu entfalten –

einen Bogen um Nizza, geschätzte 150 Kilometer weit, bis Sanary-sur-Mer eben, um an ein Stück deutscher Geschichte zu erinnern, die zugleich Teil der deutschen Literaturgeschichte ist. Dieses ist mitzudenken, wenn wir »Côte d'Azur« hören, lesen, denken, schreiben.

»Verstehen Sie doch endlich dort an Ihrem lateinischen Meer, daß es sich bei den Vorgängen in Deutschland gar nicht um politische Kniffe handelt, die man in der bekannten dialektischen Manier verdrehen und zerreden könnte, sondern es handelt sich um das Hervortreten eines neuen biologischen Typs, die Geschichte mutiert und ein Volk will sich züchten.« So hieß es in Gottfried Benns unheilvoller »Antwort an die literarischen Emigranten«, die mit den Sätzen begann: »Sie schreiben mir einen Brief aus der Nähe von Marseille. In den kleinen Badeorten am Golf de Lyon, in den Hotels von Zürich, Prag und Paris, schreiben Sie, säßen jetzt als Flüchtlinge die jungen Deutschen, die mich und meine Bücher einst so sehr verehrten.«

Der grausliche Brief – im »Schicksalsrausch« geschrieben, wie Benn sich später selber kritisierte – war an Thomas Manns Sohn Klaus gerichtet; und der hatte in einem so dringlichen wie schmerzlichen Appell, adressiert an den »lieben und verehrten Doktor Benn«, geschrieben: »In welcher Gesellschaft befinden Sie sich dort? Was konnte Sie dahin bringen, Ihren Namen, der uns der Inbegriff des höchsten Niveaus und einer geradezu fanatischen Reinheit gewesen ist, denen zur Verfügung zu stellen, deren Niveaulosigkeit absolut beispiellos in der europäischen Geschichte ist und von deren moralischer Unreinheit sich die Welt mit Abscheu abwendet?«

Klaus Manns Brief an Benn ist eines der erschütterndsten Zeugnisse der deutschen Emigrationsliteratur; er trug das Datum vom 9. Mai 1933 – einen Tag vor der Bücherverbrennung auf dem Berliner Opernplatz. Der Absendeort war Sanary-sur-Mer.

Tatsächlich saßen in vielen kleinen Nestern der französischen Mittelmeerküste eine ganze Menge jener deutschen Schriftsteller, die das Dritte Reich rasselnd ausgespien hatte, die sich unmittelbar nach dem Reichstagsbrand retten konnten: Walter Hasenclever in Le Lavandou und später in Cagnes-sur-Mer, Heinrich Mann in Nizza, Alfred Döblin im Zickzack quer durch Frankreich, per Bahn, Bus und Auto, auf der Suche nach seiner Frau; es war erst der Beginn einer langen Irrfahrt. Noch glaubten die meisten antifaschistischen Schriftsteller an ein rasches Ende des Hitler-Spuks, wähnten sich in einem unselig verlängerten Urlaub von der Heimat, doch von überschaubarer Frist. Manche – wie Brecht oder Thomas Mann – hatten wenigstens einen Teil ihres Vermögens außerhalb Deutschlands deponiert. Etlichen – wie Kurt Pinthus – gelang es, Bibliothek oder Manuskripte aus den verlassenen Häusern in Berlin oder München zu holen. Walter Hasenclever, unter Anspielung auf eines seiner erfolgreichsten Stücke, »Ein besserer Herr«, schilderte seine Situation in Cagnes-sur-Mer »mit Haus, Garten, Gemüse, Tieren, Garage, Auto in der herrlichen Landschaft« als relativ behaglich, wo er »nebst Weib mit 75 Dollar im Monat ›als besserer Herr‹ existieren kann – für welchen Betrag mir in Amerika die Bademantelschnur des armen Toller winken würde«.

Die Côte d'Azur war während der Hitler-Zeit ein großer Wartesaal, und niemand wußte: Werden Züge kommen oder gehen, zurückfahren oder fortführen; oder wird es ein mächtiger Sackbahnhof sein. Hauptstation war dieses Sanary-sur-Mer, wo man noch heute auf Schritt und Tritt die Spuren dieser intellektuellen Elite finden kann. Ich habe vor nicht allzu langer Zeit nicht nur die Häuser von Feuchtwanger, Werfel, Thomas Mann besichtigt, sondern sogar Gärtner, Dienstboten, den Fleischer und den Bäcker sprechen können, die sich ihrer noch erinnerten.

Es saßen in den beiden kleinen Cafés am winzigen Hafen – mal vorübergehend, mal für Monate; manch einer für Jahre – René Schickele und Fritzi Massary, Thomas Mann und Arnold Zweig, Erwin Piscator und Alfred Kerr, Franz Werfel und Friedrich Wolf, Heinrich Mann, Bertolt Brecht und Ernst Toller. Der Kramladen, als wolle er ein Motto für das Miteinander so heterogener Geister geben, hieß »L'agréable et l'utile« (das Angenehme und das Nützliche). Die Wirklichkeit war das mickrige Gärtnerhäuschen mit Abort unter einem Ölbaum, die Fischerhose und Espadrilles die einzige Bekleidung der deutschen Mittellosen. Der »König« von Sanary hatte ein paar Hosen mehr: Lion Feuchtwanger.

Die Villa Lazare, in der die Feuchtwangers anfangs Unterschlupf fanden, war keineswegs das, was man in Deutschland eine »Villa« nennt, sondern eine Küche, drei kleine Zimmer, keine Heizung, ein paar Matratzen, wacklig zusammengeleimte Stühle und eine Platte auf Holzgestellen als Arbeitstisch – so begann es; der Duft von Rosmarin, Salbei und Thymian mußte wohl für den gewohnten Grunewald-Komfort entschädigen. Von dem geblieben war lediglich der morgendliche Dauerlauf, dreißig Runden ums Haus, »angefeuert und kontrolliert von Frau Marta«, wie der nebenan in einem Pinienwäldchen wohnende Aldous Huxley amüsiert durch ein Fernrohr beobachtete. Dessen Telefonanschluß rettete übrigens Frau Feuchtwanger das Leben: Zu einem Besuch hatten Marta und Lion in ihrem Renault Bertolt Brecht und Arnold Zweig von der Bahn abgeholt, und als die drei auf den Klippen das Meer anschauten, rollte der schlecht gesicherte Wagen von hinten auf sie zu; wäre Frau Feuchtwanger nicht aufs Trittbrett gesprungen und hätte durchs Wagenfenster das Lenkrad herumgerissen – drei bedeutende deutsche Schriftsteller wären in den Abgrund gerissen worden. Der Wagen aber überschlug sich, verletzte Marta Feuchtwanger schwer. Der ehemalige Medizinstudent Brecht band ihr mit seinem Gürtel das gebrochene Bein ab, und mit Huxleys Telefon konnte eine Ambulanz gerufen werden.

Erst das zweite Haus, die Villa Valmer, wurde das »prächtige Nest«, wie Freunde es tauften und das Marta Feuchtwanger liebevoll beschrieb: »Ein Haus mit drei Stockwerken und einer wunderbaren Aussicht übers Meer und die Inseln. Es war auf einem Hügel gelegen und hatte einen großen Garten mit Feigenbäumen, anderen Obstbäumen und vielen Ranken und Rosen – ein richtiger französischer Rosengarten, wie von Renoir gemalt. Und es gab eine große Terrasse, eingehüllt von Bougainvilien.

Ich mietete das ganze Haus. Im ersten Stock befanden sich nur das Arbeitszimmer und die Bibliothek – Lion hatte sofort angefangen, mit den neuen Einnahmen Bücher zu bestellen. Hinter dem Haus lag ein riesiges Gelände von Wiesen, Baumgruppen, Obst- und Nußbäumen, und im Hintergrund ragten hohe Berge auf. Auch Mandelbäume gab es, und niemand war da, die Früchte zu ernten.«

Alfred Kantorowicz wurde noch nach Kriegsende, inzwischen Professor für neueste deutsche Literatur an der Humboldt-Universität in Ost-Berlin und Direktor des Heinrich-Mann-Archivs, nicht müde, freundschaftlich-spottend auf den Anachronismus hinzuweisen: Kurz vor der Machtübernahme hatte sich Lion Feuchtwanger eine prachtvolle Villa in Berlin-Grunewald bauen und mit erlesenen Antiquitäten ausstatten lassen – vor allem aber eine viele tausend Bände umfassende, kostbare Bibliothek eingerichtet. Das alles mußte er verlassen – und baute sich dasselbe noch einmal in Frankreich auf, bis die Nazis auch dorthin kamen und er auch das verlassen mußte.

Kantorowicz, in den zwanziger Jahren Paris-Korrespondent der *Vossischen Zeitung*, im Exil Begründer der »Deutschen Freiheitsbibliothek« und, neben Arthur Koestler und Alexander Abusch, Mitarbeiter an Willi Münzenbergs im Pariser Exil entstandenen »Braunbuch« über den Reichstagsbrand, schildert sein bei Feuchtwanger gefundenes Obdach weniger prunkvoll; nach einer Bahnfahrt in Handschellen wurde der von den Franzosen inhaftierte Hitler-Gegner freigelassen, weil man nicht wußte, wohin mit ihm: »Mais personne ne le veut«, niemand will ihn haben. Viel mehr als Tee und Brot hatte auch der »Erfolgs«-Autor Feuchtwanger dem Freund und Gast nicht zu bieten: »Als es um die Weihnachtszeit sehr kalt wurde, begannen wir, die Regale von Feuchtwangers Bibliothek zu verheizen – die Bücher waren schon in vielen großen Kisten abtransportiert worden und irgendwo gelagert; sie erreichten den Besitzer erst nach dem Ende des Krieges in seinem Haus in Kalifornien.«

Man kann sich wohl die Lebens- und Arbeitssituation der Emigranten in ihrer »Kolonie« Sanary nicht nur widersprüchlich, auch spannungsgeladen genug vorstellen. Das waren ja keineswegs Freunde, eher vom Sturm des Schicksals zusammengewehte literarische Gegner: Kerr hat Brecht und Piscator zeitlebens abgelehnt; Piscator wiederum das dramaturgische Konzept Friedrich Wolfs; Joseph Roth, in einem Brief von Nizza nach Nizza an René Schickele, verschloß sich scharf gegen das leiseste Schweigen oder Vergeben Mitläufer-Kollegen gegenüber und schrieb: »Seit wann ist es so, daß ein Schriftsteller sagen darf, ich muß lügen, weil meine Frau leben und Hüte tragen muß?« Ludwig Marcuse hatte den Kommunisten Kantorowicz verhöhnt, und auch Annette Kolb und Alma Mahler-Werfel waren nicht zwei Damen beim Tee. Der ebenfalls nach Saint-Cyr bei Sanary geflüchtete Kunsthistoriker Julius Meier-Graefe war gar nach Rapallo gefahren, weil er nicht begreifen und akzeptieren konnte, daß sein ältester Freund Gerhart Hauptmann – »In diesem Mann war Gott«, hatte der über Hindenburg gesagt – die Eröffnung der Reichskulturkammer durch seine Anwesenheit legitimiert und nach einem Hitler-Empfang gesagt hatte, dies sei der glücklichste Moment seines Lebens gewesen.

Hauptmann hatte dem entsetzten Meier-Graefe die Hitler-Bewegung papal verschönt: »Das ist ein Naturgeschehen. Kannst Du gegen einen Wasserfall anschwimmen?« Ganz der Herr Peeperkorn aus dem »Zauberberg«. Thomas Mann seinerseits konnte Werfel nicht ausstehen und der wiederum Feuchtwanger nicht.

Die meisten deutschen Emigranten wußten nicht, wovon sie leben sollten. René Schickele, vor 1933 immerhin Mitglied der Preußischen Akademie, war dem Verhungern nah und mußte die »American Guild for Cultural Freedom« um Unterstützung bitten. Walter Benjamin schrieb in *Cahiers du Sud*, und Heinrich Mann ernährte sich vom Honorar für eine Wochenkolumne in einer unbekannten französischen Provinzzeitung namens *Dépêche de Toulouse*. Geschichtsschreibung ist ein widersprüchlich Ding, und selbst die Augenzeugen vermitteln diametral entgegengesetzte Bilder.

Doch Pläne hatten sie alle. Feuchtwanger schrieb an der »Josephus-Trilogie«, Döblin seinen autobiographischen Gesellschaftsroman »Pardon wird nicht gegeben«, und Heinrich Mann entwarf das als Hommage ans Gastland gedachte historische Fresko vom guten König Henri Quatre.

Kein Literat, von Münzenbergs *Éditions du Carrefour* bis zu Leopold Schwarzschilds »Neues Tage-Buch«, der nicht gründete, redigierte, herausgab, pleite ging. Kein Denker, von Walter Benjamin bis Ernst Bloch, der nicht bisherige Positionen überprüfte; als Bloch in Sanary eintraf, beeindruckte er im Nu mit seinem talmudisch-bänkelsängerischen Klären des Marxismus – voll raffinierter Thesen, Witze, voll Fußangeln und verspielter Wendungen. Berühmt wurde sein Satz zum obligaten Kultur-Erbe: »Gewiß muß die Tante tot sein, die man beerben will; doch vorher schon kann man sich sehr genau im Zimmer umsehn.« Die Zimmer der emigrierten Schriftsteller waren ärmlich und leer. Die Köpfe waren es nicht. Die Liste der allein in Sanary-sur-Mer entstandenen Bücher, Gedichte, Dramen, Essays bilden den Katalog einer erlesenen Bibliothek der deutschen Literatur des 20. Jahrhunderts. Bis sich »die Flut verlaufen« hatte, sollten noch viele Jahre vergehen. Gewartet auf dieses Ende haben sie alle.

Wenn unsere Gedanken, Abschweifungen und Erinnerungen nun zurückwandern nach Nizza, soll auch für den Fixpunkt dieses kleinen Buches festgehalten werden: Wahrlich, man konnte auch weniger elegant sterben an der Côte d'Azur als die exquisite Marquesa; es ist erst wenige Jahrzehnte her, da raste das Grauen durch Straßen und Plätze, durch Hotels, Pensionen und die kleinen möblierten Zimmer, in denen sich Emigranten versteckten. Allein 12000 von ihnen – jüdische Ärzte aus Wien, Journalisten aus Berlin, »normale« Franzosen, die sich nach 1942 in den anfangs nicht besetzten Süden gerettet hatten – wurden von der Riviera aus deportiert. 100 kehrten zurück. Eine von ihnen, Stella Silberstein, hat in ihrem Erinnerungsbuch »Hotel Excelsior« Zeugnis gegeben von Not, Elend und Tod der Untergetauchten. Der Name dieses kleinen bürgerlichen Hotels in der Avenue Durante löst noch heute Entsetzen aus: Es war das Gestapo-Hauptquartier, in dem u.a. der berüchtigte SS-

Hauptsturmführer Alois Brunner residierte – wenn er nicht Folterungen im Hotel »Hermitage« im Stadtteil Cimiez anordnete. Wenn dies hier kein Buch wäre, müßte ich die collagierende Schnitt-Technik des Films anwenden, um den Irrsinn einer wildgewordenen Gleichzeitigkeit kenntlich zu machen: Eben saß man noch in einem Straßencafé und erzählte sich ungläubig von Thomas Manns Warnungen im Londoner Rundfunk (»Wir glaubten ihm nicht«), da saß man schon in einem vom eigenen Kot stinkenden Kellerloch, in dem man nur von einer Concièrge versorgt wurde, die, statt zu sprechen, den Finger an die Lippen legte; eben hatte man noch spärlich, aber ausreichend mit Freunden zu Abend gegessen, da war man denunziert, verhaftet, fand sich im »Hotel« Excelsior wieder: »Es ist streng verboten, aus dem Fenster zu schauen, Zuwiderhandelnde werden erschossen.« Und sie *wurden* erschossen. Der junge Apotheker, der keß gesagt hatte »Je m'en fous«: »Im dritten Stock, nahe beim Fenster am Fußboden, da war ein Fleck. Das war alles, was von dem Vorfall mit dem Apotheker zeugte.« – »Plötzlich hörte ich eine Stimme hinter mir brüllen ›Halt!‹ Ich drehte mich nach links. Dort war eine Tür, bewacht von zwei SS-Leuten. Als ich mich ihnen näherte, rissen sie die Tür auf. Eine Schußdetonation erklang ohrenbetäubend nahe. Vor mir glitt ein Junge von höchstens 17 Jahren zu Boden.« Es preßt einem das Herz zusammen, diese Film-Montage aus Zerrbildern, wie aneinandergeklebt zu falscher Spulengeschwindigkeit: die Sonnenschirme am Strand und das von den Fausthieben zerfetzte Gesicht des Résistance-Kämpfers; der freundlich dargebotene Veilchenstrauß und die herausgeputzte Denunziantin (»Je viens de signaler des juifs«), die für jeden Juden 1000 Francs in bar von den Deutschen erhielt; der Korb reifer Pfirsiche und das Erbrochene im Vieh-Waggon. Baie des Anges? Wo waren die Engel? Es ist ein Gebot der Würde und des Respekts, der Rechtlosen und Geschändeten eingedenk zu sein, auch heute, auch wenn die Palmen rascheln und die Mimosen duften. Viele Autoren – der nach Roquebrune-Cap-Martin geflüchtete ehemalige *Simplicissimus*-Redakteur Franz Schoenberner oder Walter Hasenclever (in seinem Buch »Die Rechtlosen«) – haben von den chaotischen Zuständen beispielsweise des Internierungslagers Fort Carré in Antibes, 20 Kilometer westlich von Nizza, berichtet. Eines von insgesamt 62 Internierungslagern lag unweit vom Bahnhof St-Nicolas in Antibes, fast im Ortszentrum.

Wie geht man da mit sich selber um, angenommen, man macht einen Ausflug nach Antibes? Noch einmal hilft Stella Silberstein. Sie, Überlebende von Auschwitz, besucht nach dem Krieg Nizza, findet das Grab ihres ermordeten Mannes – und geht doch noch einmal in das Leben hinein: »Ich will mich nicht von der Vergangenheit beherrschen lassen, ich will nicht, ich will nicht. [...] Ich öffnete den Schrank und nahm das neue Kostüm heraus, das ich noch nicht getragen hatte. Eine blütenweiße Satinbluse, hochhackige Schuhe und die schöne Lederhandtasche, die ich mir vor einigen Tagen in einem Anfall von Verschwendungssucht gekauft hatte, ergänzten meine Ausstattung. Ich färbte meine Lippen hellrot und schlenderte zur Promenade des Anglais hinunter.«

Wind für die Segel kann man nicht leihen. Doch bevor ich mich aufmache nach Antibes, stehle ich mir erst noch einen Funken der Freude, die Stella Silberstein kurz nach dem Krieg bei ihrer Rückkehr an die Côte d'Azur empfand – da amüsierten sie nicht nur die kräftigen jungen GIs, wenn sie geduldig Schlange standen vor einem Bordell, da empfand sie Glück beim Sonnenbaden am Strand. Also erst einmal zum Strand – den es nicht gibt. Die »Plage« in Nizza hat keinerlei Ähnlichkeit mit den weiten Sandstränden von Sylt, der polnischen Ostseeküste oder von Gran Canaria. Das Modder-Gesaug, die rasende Gischt, die Lippen aus Muscheln im weißen Sand – derlei darf man hier nicht erwarten. Zunächst einmal wird der Tourist, der das sucht, enttäuscht sein. Mit Ausnahme weniger kleiner Badebuchten, etwa in Villefranche oder Cannes, und gewiß mit Ausnahme vor allem der schönen Strände von St-Tropez ist alles, was an der französischen Riviera »Plage« heißt, Geröll aus fast immer recht groben Steinen: ohne zumindest Stoffschuhe nicht zu betreten, und für den Schwimmer sind Badeschuhe zu empfehlen. Wer die nicht hat, torkelt ohne Balance und Halt höchst unelegant und unter Schmerzen ins Wasser, zumal bei Brandung.

Das Mittelmeer an den französischen Küsten ist – wie so vieles in Frankreich – dekorativ. Es hat ganz eigene Gezeiten (nicht zu vergleichen mit dem Riesenatem des Atlantiks vor der Bretagne oder an der deutschen Nordseeküste), wenngleich auch hier die weiße Brust des Meeres sich hebt und senkt, wenngleich auch hier das tauseidige Glitzern der See lockt, das weißrosa Elfenbein sommerlicher Nachmittagsstunden betört.

Aber über allem liegt dann doch ein Schleier von lateinischem Charme. Die Plages von Nizza sind ja heitere kleine Freiluftrestaurants – man sonnt sich schon auch in bequemen Liegestühlen, und Kinder, wie überall auf der Welt, laufen ihrem

Ball hinterher. Aber »eigentlich« wird dort zu Mittag gegessen (in der heißen Sommersaison auch zu Abend); blumengeschmückte Tische unter Markisen oder Schirmen, elegant eingedeckt mit Damastservietten und dem erwartungsvoll aufmäuligen Weinkühler, bieten dem Gast, was es so auf der Welt nicht noch einmal gibt: vor sich das tatsächlich azurne Meer, hinter sich das rätselhafte Kratschen der Kellner-Schlüssel, mit deren Hilfe sie aus winzigen Katakombenküchen köstliche Speisen hervorzaubern; und über genau diesen geheimnisvollen dunklen Gängen liegt die Promenade des Anglais – da sitzen in duftiger Sommerspitze die Damen, in schicken Hemden die Herren, und genießen ihren »Loup de Mer grillé« und einen leichten Rosé, zum Espresso gar eine Zigarre, denn im Freien darf geraucht werden. Dem deutschen Freizeitgesetz »Je oer die Beine, desto boxer die Shorts« wird eher selten Folge geleistet. Hier weidet sich das Auge statt dessen an lässigen Nymphen, deren lockere Strandkleider so durchsichtig-verhüllend wie aus See-Nebel gewebt, und beim Austernschlürfen sich der sinnlichen Inszenierung sicherlich bewußt; fünf Meter davor räkeln sich körperbewußt gebräunte junge Männer, so gut gebaut, als kämen sie direkt aus dem Atelier des Schöpfers lasziver Fotografien Robert Mapplethorpe – man kann sie wählen à la carte, sie sind zum Dessert bestimmt. So wähnt der Beobachter, die Spritzer der Brandung trügen Marlenes Stimme herüber: »Schöner Gigolo, armer Gigolo …«

Diese Strandabschnitte gehörten früher wohl ausschließlich zu den an der Promenade gelegenen Luxushotels, weswegen sie noch heute Plage Beau Rivage oder Plage Ruhl heißen. Sie stehen nun jedem zahlenden Gast zur Verfügung – zahlen allerdings muß er: eine Liege mit Matratze 15 Euro, ein Sonnenschirmchen dazu für 5 Euro plus pourboire für den »Platzanweiser«, das Menü für zwei Personen kommt rasch auf 100 Euro und mehr. Die Plätze sind schon im Mai so begehrt, daß 20 oder auch 30 Minuten Wartezeit ohne Murren in Kauf genommen werden, man darf in einem Korbsessel Platz nehmen, einen Apéritif bestellen, es ist auch nicht verboten, wenngleich unüblich, vorher noch zu schwimmen. Ziemlich einmalig auf der Welt ist ein geradezu berauschendes Bild: Wer sich in den Wintermonaten Januar/Februar hinaus ins Meer traut, kann – auf dem Rücken schwimmend – die verschneiten Kämme der Alpes Maritimes erkennen; hurra – von den Skiern direkt in die Wellen …

Wem dieses graziöse Bild mit der Inschrift »Reserviert für die Reichen« allzu snobistisch erscheint, der muß wissen: In genau abgemessenem

Wechsel liegt zwischen jeder dieser komfortablen Plages eine »Plage publique«. Dort kann, ob mit Klappstühlchen, Luftmatratze oder nur mit einem Handtuch ausgerüstet, jeder sich im selben Meer ergötzen, schwimmen, dösen, über die Steine humpeln und im Anblick der pünktlich aus dem Hafen von Nizza auslaufenden Autofähre nach Korsika sein Fernweh aufspannen. Aparterweise ist es die Plage Opéra, jener genau gegenüber dem Opernhaus geöffnete Strandabschnitt, der sich großer Beliebtheit erfreut, besonders bei jungen Leuten. Es stimmt, sie haben dort keinen Hummer. Sie haben sich. Wer weiß, ob sie glücklicher sein werden, eines Tages, wenn die Hummerscheren knacken – die Gelenke aber auch.

Das hört sich hochnäsig an. Und ist es auch. Denn es sitzen da nicht nur Oma und Opa, die sich ihrer Rente erfreuen, oder der blutjunge Kellner in der Mittagspause, der bald Chef de Cuisine sein wird. Da liegen auch die Sans Domiciles auf ihren verfummelten Decken, winters in Schlafsäcken, die Gestrandeten, die Ausgespieenen. Das Elend zwanzig Meter neben der Dorade grillée und der Pâté Foie Gras de Canard entier. »Die im Dunkeln sieht man nicht«, heißt es in Brechts »Dreigroschenoper«. Diese hier aber lagern auf ihren Lumpen keineswegs im Dunkeln, sondern im hellen Sonnenschein. Sehr viel mehr Helles bietet ihre Existenz nicht. Sie sind zu sehen.

Das Meer ist berauschend und reinigend zugleich, es schält die Verhärtungen des Menschen ab, als wüsche es die Seele rein. Legt es auch den Kern frei? Oder weckt es bloß Sentimentalität? Ich denke da manchmal ins Undenkbare hinein: Was wäre, wenn …

Was wäre, wenn alle Mr. Gettys und mexikanischen Platin-Könige, alle Ketchup-Ladies und ALDI-Brüder, die chinesische Milliardärin und der russische Fünf-Yachten-Besitzer, der beim Betanken seines Kreuzers mit 50 000 Litern die Achseln zuckt, als kredenze man ihm ein Perrier – wenn all diese Magnaten zwanzig Prozent ihres Reichtums abgäben? Gewiß, es ist eine Platitüde: Reichtum ist schwer zu definieren, die Grenze schlecht zu ziehen. Da hilft auch die Anekdote nicht: Fragt der Musical-König Andrew Lloyd Webber den Hollywood-Regisseur Steven Spielberg, was der denn so pro Film verdiene; antwortet der Film-Mogul, er wisse es nicht so genau, so um die 150 Millionen Dollar. Entsetzt sich sein Gesprächspartner: »Was, so wenig? So viel Arbeit für so wenig Geld?«

Aber es gibt ja bei diesem peniblen Quiz auch Anschauungsunterricht. Der Ölscheich mit der goldenen Badewanne im Flugzeug oder sein armer

Verwandter, der beim Staatsbesuch in London auf dem Flughafen Heathrow den schieren Fluglotsennotstand auslöste, als er mit 15 Jumbos landete – ein hübsches Häuschen, gar ein ruppiger Airbus bliebe ihnen doch für den Notfall? Die unfrisierten Gedanken sind in meinem Kopf, selbst wenn man mich ab jetzt »GG« frei nach Gregor Gysi taufte und des Rufs nach der »Reichensteuer« zeihe: All jene *Forbes*-Prinzessinnen und der Genosse Abramowitsch, die ca. 5 Millionen Dollar »Taschengeld« im Monat haben, die Bessergestellten sogar pro Tag, wären doch nicht bei 20 Prozent weniger in die nackte Not gestoßen? Aber wäre damit wirklich Millionen Armer, Elender, Verreckender, Hungernder auf der Welt geholfen? Geht meine Rechnung »1 Auster weniger = 4 Wochen Schule für ein Kind in Uganda« auf? Doch wenn schon ein Einzelner, Mr. Douglas Tompkins, mit »nur« 250 Millionen Dollar von dem Erlös aus dem Verkauf seiner Textilkette »Esprit« 900000 Hektar Land erwerben und diesen größten Privatbesitz der Welt (in Chile und Argentinien) urbar machen, renaturalisieren, mit mächtigen alten Bäumen bepflanzen, Schafweiden den Bauern übergeben, an der Küste See-Elefanten, Seelöwen oder Pinguine neu ansiedeln konnte, alles unter dem Motto »Ich will das Land nicht für mich. Wozu soll ein Mensch so viel Land besitzen?« – wenn so etwas möglich ist: Sind meine Gedanken dann Utopie, Illusion? Ich weiß es nicht. Und verzehre beim Grübeln 6 Austern.

Ohne Zögern zugegeben: Ich ziehe die bequemeren Strandabschnitte vor, ich kann auf den Steinen weder liegen noch gehen; doch wenn ich (besonders gerne im Herbst, den man in Südfrankreich oft schon *un peu triste* nennt) so wohlversorgt und weich liege, vielleicht bereits mit einer leichten Decke – dann scheinen mir die Fische wimpernlos zuzublinzeln, die Möwen das Lied vom »Weißt du noch« zu intonieren, und die dünne Musik druselt herüber aus jener Zeit, da man verliebt mit dem weinbefeuchteten Finger das Glas zum Schwingen und Klingen brachte: Das Geld reichte nicht für ein zweites. Auch diese Sehnsucht nach der Vergangenheit spült das Meer an Nizzas Küste in die Seele. Schmeichelndes Streicheln, des Plusterflügels Erinnerung. Wenn es damals mit dem klapprigen VW nach Vallauris ging – seinerzeit noch ein beschauliches Dorf, wo man sich in der Töpferei Madoura eine Picasso-Keramik nicht leisten konnte, angebliche Originale, die noch immer zu horrenden Preisen feilgeboten werden –, wird jetzt der Renault Clio gesattelt: Auf geht's nach Antibes. Die Strafe (denn wahrlich, Antibes ist kein Vorort von Nizza) folgt auf dem Fuße; wenn man Pech hat, in Form eines »Platten« – und auf der Straße Nizza–Antibes gibt es kaum eine intakte Tankstelle, etwa mit der Möglichkeit, den Reifendruck zu kontrollieren. Über die gesamte Wegstrecke, etwa Villeneuve-Loubet, hat der liebe Gott im Zorn Wannen von Beton ausgekippt, »Marina Baie des Anges« – ausgerechnet »Marina Engelsbucht« nennt sich das scheußliche Hochhausgebilde, eine himmelbleckende Baulöwenschande. Man fährt an billig-bröckelnder 50er-Jahre-Avantgarde entlang, ringsherum Ramschläden für Möbel und Dekor, McDonald's-Paläste, Gebrauchtwagenlager. Doch Ausdauer wird (manchmal) belohnt. Ich will ja der weit ausschwingenden Kette mit den aufgereihten Kostbarkeiten folgen, den Zierden namens Museum mich nähern, wo immer es im weiten Zirkelschlag um Nizza herum auch nur geht. Das kann die kleine »Chapelle St-Sauveur« in Le Cannet sein, deren Fassade nicht, wie es oft fälschlich heißt, Pierre Bonnard ausgeschmückt hat; vielmehr stammt das Mosaik an der Mauer über der Eingangspforte von dem gebürtigen Litauer Théo Tobiasse und datiert von 1989, was nichts daran ändert, daß Le Cannet traditionell der »Bonnard-Ort« ist. In jedem Fall muß es ganz unbedingt auch das »Musée Picasso« in Antibes sein, Schmuckstück par excellence, Höhepunkt eines Ausflugs. Das alte

Schloß Grimaldi, in dem Picasso bis 1960 arbeitete, bevor er ins höher gelegene Mougins zog, hat seine Geschichte.

Es ist keine wohlgefällige Geschichte. Denn Pablo Picasso, heute kaum mehr vorstellbar, war Ende der 1940er, Anfang der 1950er Jahre keineswegs so anerkannt, wie unsereins annimmt, hört man auch nur den Namen des Fürsten der Moderne. Nachdem ihm 1946 der Grimaldi-Kurator Teile des alten Schlosses als Atelier zur Verfügung gestellt hatte, bot der in Mougins lebende Maler 53 seiner Gemälde als Geschenk an – in der Hoffnung, in den Räumen würde ihm zu Ehren ein Museum eröffnet; im Jahr darauf noch 78 Keramikarbeiten und 1950 zwei große Skulpturen. Die zuständigen Provinzbehörden lehnten ab, auch, als der »Bittsteller« das jetzt hochberühmte Ölbild »Ulysse et les Sirènes« von 1947 noch hinzufügen wollte. Picasso, offenbar nicht »museumswürdig«, wurde abgewiesen wie weiland Rodin, der mehrfach versucht hatte, das damals »Hôtel de Biron« genannte und von ihm ebenfalls als Atelier genutzte kleine Palais im Herzen von Paris in ein eigenes Museum umzuwandeln, jenes »Musée Rodin«, vor dem heute die Menschenschlangen stehen. Es ist kaum vorstellbar, daß noch kurz vor seinem Tod 1973 das Alterswerk Picassos von dem englischen Kritiker Douglas Cooper als »Schmierereien, ausgeführt von einem rasenden Greis im Vorzimmer des Todes« verunglimpft wurde.

Nach langen Umbau- und Restaurierungsarbeiten hat das Picasso-Museum in Antibes seit Juli 2008 wieder geöffnet; seine Pforten zum Glück, möchte ich sagen. Es birgt nicht nur die wohl umfangreichste Sammlung jener Keramiken – Eulen, Teufelchen, Clowns-Masken und kokette Damen in Karaffenform; alles in frech einander widersprechendem Blau, Grün, Schwarz gegen Rot oder in Ocker ertrinkendem Gelb –, die von mediterraner Formlust und Heiterkeit zeugen; es grüßt auch, sparsam gehängt resp. aufgestellt, mit Gemälden von besonders kraftvoller Phantasie, mit Skulpturen marmorner Fleischlichkeit. Dämon Eros: Des Genies Verfallenheit an das Weibliche, jenes ferne Rätsel wie nahe Objekt des Begehrens, hallt als lokkend-dräuender Ton aus dem Meer da unten durch die Räume.

Leider gibt es auch den Widerhall eines Ärgernisses. Das Museum ist nicht nur als Gebäude renoviert, sondern hat auch ein – höchst unglückliches – neues Konzept. In den unteren Räumen quält man sich an Belanglosigkeiten entlang, hier ein zweitklassiges Picabia-Porträt, da ein paar Blätter von Jacques Prévert, dort allerlei von Hans Hartung oder Antonio Saura, entsetzlicherweise auch eine der blauen Kitsch-Plastiken von Yves Klein; ich gehe doch nicht in ein Picasso-Museum, um an prominenter Stelle eine der gequetschten Scheußlichkeiten des Kunstgewerblers Arman zu sehen. Der Besucher muß sich erst durchkämpfen in den Himmel der Wunder, etwa der beiden Zementskulpturen Picassos aus den frühen 30er Jahren. Himmel sind es dann allemal – denn das Château thront direkt über dem Meer, in dessen Weite hineingeschnitten auf den Mauern die schlanken Silhouetten der Skulpturen von Germaine Richier. Sie sind noch von unten zu sehen, als trügen sie, balancierende große Vögel, die Wolken über diesem Augenparadies; es läuft nämlich eine kleine Straße zwischen der See und dem Schloßmuseum, die Promenade Admiral de Grasse, mit entzückend verschachtelten Bauklötzchenhäusern, zu Beginn das etwas imposantere Haus, in dem der Maler Nicolas de Staël bis zu seinem Tod 1955 gelebt hat. Hier atmet jene Stille, die einen immer wieder am Mittelmeer umfängt, zumal, wenn man das große Schweigen der Kunst noch in sich trägt – es kann getrost auch ein längerer Weg sein, wie jener unterhalb des Cap d'Antibes mit dem Märchenblick über die Bucht hinweg auf die Alpes Maritimes; wer es gleichtun will den zahlreichen Badenden von Picasso, findet hier die bei Kennern renommierte Plage Keller mit einem empfehlenswerten Restaurant. Nach einem Imbiß kann man den Ausflug gleichsam »rückwärts« aufrollen: Genau gegenüber vom Museum bietet – so »global« ist unsere Welt – die kleine polnische Galerie von Véronique Podgorny ihrerseits »Céramiques de Picasso« zum Verkauf, und wer seiner besseren Einsicht oder dem Warnsignal der überzogenen Kreditkarte gefolgt ist und nichts gekauft hat, kann unbeschwert zum legendären Yachthafen schlendern. Da findet er wieder Côte d'Azur pur, auch deren fröhliches Chaos. Der überfüllte Parkplatz verkündet in drei Sprachen »Plätze frei«, und zehn Meter neben den luxuriösesten Riesen-Yachten der Superreichen liegt ein Stapel verrotteter alter Gartenstühle. Der Eintritt ist frei – wenn auch nicht zu der Welt aus poliertem Mahagoni und Stainless Steel, die da schaukelt und gaukelt und deren schneeweißer Lack wetteifert mit dem Schnee, der auch im Sommer noch die Kuppen der Alpes Maritimes bedeckt. Der Gleichzeitigkeit von Müll und Macht (des Geldes) wird man allenthalben begegnen. Es ist kein weiter Weg (Richtung Juan-les-Pins) zu einem steinernen Zeugen: Der prachtvolle Palast des 1926 erbauten Luxushotels »Provençal«, einst Tummelplatz der Filmdiven und Tennis-Beaus, ist seit einigen Jahren (und noch 2008) eine verkommene, vernagelte Bauruine. An den vergammelten, schief hängenden Zäunen ein großes Schild, hier werde bis 2006 eine »Résidence« entstehen, mit vier Swimmingpools und zwei Privatpools für die Penthouse-Suiten. Vorläufig bietet sich nur der spektakuläre Blick auf das Esterel-Gebirge.

Ein jeder Mensch hat ja seine eigenen Aufnahmerituale. Es gibt die Unersättlichen – Freunde von mir, die in Paris leben, tun es nicht unter zwei Vernissagen am Tag, einem Museumsbesuch und abends, wenn möglich, noch in die Oper. Ich dagegen bin rasch kopfsatt. Nach zwei bis drei Louvre-Sälen, der »Frick Gallery« in New York oder »nur« den Goyas im »Prado« von Madrid bin ich nicht mehr aufnahmefähig (wie ich auch vor jeder Zugabe nach einem Konzert flüchte). Also wird nichts aus dem Plan, von Antibes weiter nach Vence, einer anderen »Kunstkette« zu folgen. Das wird nachgeholt. Picassos faunische Figuren-Zeremonie will erst einmal auf ihrem Platz in mir verharren. So folge ich lieber der Einladung eines Freundes zum Abendessen in Nizza. Nach der Augenlust die Gaumenlust; zumal er eine Restaurant-Überraschung versprochen hat.

Wobei wichtig ist zu wissen: Trotz nicht weniger höchst vortrefflicher, oft auch lustiger Restaurants wie dem »Merenda«, das bis 2008 keine Reservierungen annahm, im Gegensatz zum weiland »Stern«-geschmückten »L'Âne Rouge« am Hafen – in Nizza ißt man zu Hause meist angenehmer; aber die Vorbereitung ist zeitaufwendig, man kann (resp. sollte) nicht schlichtweg bei einem Traiteur oder in einem Supermarkt den berüchtigten Warenkorb zusammenstellen. Die bessere Möglichkeit ist dann eine wahrhaftige Recherche-Tour. Wo gibt es das schwarze Lava-Salz; wo die beste Bressaola, das gute Öl von Ste-Sabine aus Sospel und die reifen violetten Artischocken; wer verkauft ganz jungen Blette (das Gemüsenationalgericht von Nizza, bei uns unter dem Namen Mangold bekannt) und wer den einfachen Cassis-Wein; wo kann man frischen Dill erwischen (schwer zu finden), und wo sind die handgemachten Spinatnudeln wirklich ganz frisch, die raffiniert gewürzten gefüllten Courgette-Blüten eben erst zubereitet? Ob Kaninchen, Kalbsnieren oder Kapaun, ob im Mai die Erdbeeren aus Carpentras, der Spargel aus der Camargue – für alles existiert ein eigener Marktstand, eine winzige Geheimtipp-Bude, ein im entlegensten Winkel der Altstadt verborgener kleiner Laden oder stehen in der hintersten Markthallenecke die zwei ältlichen Schwestern mit ihrem noch warmen Spinatkuchen bereit. Diese Kenntnisse erwirbt man sich erst im

Laufe von Jahren, sie sind Insider-Geheimnisse und werden gehütet wie feine alte Kochrezepte von der Hausfrau. Das alles braucht Zeit und Geduld – ein bißchen Perfektionismus, Sammlerstolz und eine Liebe zum Detail.

Hier ist ein Gedankenschlenker nicht nur angebracht, sondern geradezu geboten. In Frankreich gehören zur Kultur – ebenbürtig der Literatur, der Oper, der Malerei – zwei Bereiche, die bei uns eher als weggewedelte Nebensächlichkeiten abgetan werden: Mode und Essen. Paris hat zwei Modemuseen, in denen man, entzückt von so viel Geschmack, Charme und ja, auch Luxus herumspazieren kann, um die schimmernden, durchscheinenden und in tausend Falten, Plissierungen, Rüschen und bestickten Umhängen sich wie Tänzerinnen darbietenden Kreationen berühmter Couturiers zu bewundern. Es gleicht dem Vergnügen, das man in Lissabons Museum beim Anblick des funkelnden Lalique-Schmucks empfindet.

Eine mindestens so wichtige Rolle spielt das Essen, zumal in Südfrankreich. Liebevoll werden die diversen Gemüse – Artischocken, Zucchini oder Auberginen und »Pois chiches« (Kichererbsen) – ausgewählt, lange und intensiv der weiße, rosa oder violette Knoblauch berochen, jeder gute Markt bietet mindestens acht Sorten Zwiebeln und zwölf Sorten Kartoffeln feil. Es gibt entzückende kleine Szenen zu beobachten: die alte Frau, die am Fischstand ihr Scheckheft auf die zartrosa Fächer eines großen Rochens legt, als wolle sie mit den abgebrochenen Barten des daneben liegenden Wels' schreiben, den Stift in seine erloschenen Augen tunken – die dabei aber so schwerhörig ist, daß der Fischhändler ihr mit Stentorstimme den Betrag diktieren muß; die junge Dame, die sich ein Viertel Wirsingkohl abschneiden, in großer Ruhe das entsprechende Rezept erläutern läßt und dabei wie ein Kaninchen vom rohen Wirsing knabbert. Auch weniger Entzückendes, zumal im Supermarché, bietet sich zur Momentaufnahme an: das Teenagergirl vor der Ladenkasse, das bauchfrei und auf Rollerblades, mit dem Handy am Ohr und ohne den Redeschwall am Telefon zu unterbrechen, lässig-belästigend mit einer nicht funktionierenden Scheckkarte zu bezahlen versucht. Seltsame Vorkehrungen für das abendliche Mahl.

Die provenzalische Küche besteht sozusagen aus Gewürzen und Kräutern – Oregano und Basilikum, Thymian und Salbei, Rosmarin und Estragon. Gewiß gibt es auch an der Côte d'Azur Fleischgerichte, vorab das allenthalben beliebte Bifteck-Tatare, sogar die rote Blutwurst Boudin mit Choucroute, am ehesten Lamm aus dem Sisteron, weil die Tiere dort Bergkräuter futtern. Aber der König der Küste ist der Fisch – ob Dorade oder Loup de Mer, eine Queue de Lotte (beides inzwischen teuer), Merlan oder St-Pierre, und wer beim Rouget, der Roten Meerbarbe, die kleine Leber nicht mitißt, wird »Sot-l'y-laisse« genannt: ein Dummkopf. Die imposanten Fischstände der besseren Märkte bauen so wundersame Pyramiden und farbenfrohe Arrangements aus all den herrlichen Meeresfrüchten auf, daß man unwillkürlich an eine andere Besonderheit Nizzas erinnert wird. Zur typischen Architektur der Stadt gehören – neben den malerischen Majolika-Verzierungen über den Fensterstürzen – Ecktürme, die hoch oben über den Dächern mit ihren bunt-lasierten Dachpfannen zu schweben scheinen: Da schwimmen farbig geschuppte, mächtig bauchige Fische in den Himmel hinein. Sie küssen die Wolken, balancieren sie auf ihren Dachspitzenmäulern – und müssen sie entschweben lassen in den perlmuttfarbenen Horizont. Doch die richtigen Fische werden mit Öl, Zitrone, Kräutern und vielen anderen Beilagen im Ganzen gegrillt. Gekocht wird vor allem die berühmte Bouillabaisse. In Nizza bekommt man die beste dieser Wundersuppen aus Meerwasser, Rascasse, Olivenöl und vielerlei Gewürz- und Gemüsezutaten; im Hafenrestaurant »Les Pêcheurs« die teure Version – nicht ganz stilecht – mit Langusten. Wer Glück hat, findet dazu auf der Weinkarte einen weißen »Bellet« – dieser leichte, ein wenig nussig schmeckende Wein von einem Hügel oberhalb der Stadt wird rar; nur wenige Weinberge behaupten sich gegen die zunehmende Urbanisierung. Ob nun die Pissaladiera – ein Zwiebelkuchen mit Anchovispüree und schwarzen Oliven – oder eine »Tourta de Blea« – eine ganz flache Blettes-Torte: Es ist nicht einfach, mit den Restaurants zu wetteifern und sich der Mühsal heimischer Zubereitung zu unterziehen.

Zumal in Südfrankreich auch beim Einkaufen die Uhren anders gehen – »Wie waren die Ferien?« – »Was macht das Enkelkind?« – »Von wem sie wohl schwanger ist, die niedliche Nachbarstochter?« – für ein Schwätzchen ist allemal Zeit, während die appetitliche »Cœur-de-Bœuf«-Tomate befingert, der saftigste Pfirsich ausgesucht, vom Tintenfisch 300 Gramm, nein, lieber 50 Gramm mehr gewünscht werden. »Et avec ça?« – »Und außerdem?« – lautet das Libretto zu dem kleinen Ballett. »Et avec ça?« kann auch zu noch ganz anderer Nahrung führen; denn jeden ersten Samstag im Monat bieten neben dem Cours-Saleya-Markt unweit der Früchte-, Fleisch- und Fischstände direkt vor dem Palais de Justice Antiquare ihre gebrauchten Bücher feil, ein skurriles Nebeneinander.

Da darf man also nicht nur jene gerillten Tomaten befingern, sondern auch mit bald staubigen Fingern in manchmal wundersamen Schätzen der Buchdruckkunst (und manchmal auch Scharteken) blättern: etwa der 15bändigen Dumas-Erstausgabe. Mein Lieblingsstand ist einer, der ausschließlich Bücher von und über Céline präsentiert, in allen erdenklichen Formaten und Editionen. Die besondere Zierde dieses Liebhabertempels ist ein Stehpult, angeblich das, an dem Céline arbeitete – aber wer will das schon so genau wissen. Die eine rote Rose im Glas ist Geste genug, der Bouquinist verehrt und lockt. Gewiß, nur selten schleppt man neben Spargel, Zickleinbraten und Fenchel auch in Ziegenleder Handgebundenes mit nach Haus.

Sollen abends Gäste bewirtet werden, hat man gut und gerne drei und mehr Stunden mit Einkaufen zu tun, vom späteren Zubereiten der mit gehackten Kräutern und Krabben umlegten Queue de Lotte ganz zu schweigen. Da ist dann die Überraschung mit dem reservierten Tisch im mir bis dato unbekannten Restaurant »La Réserve« einfacher, entspannender und – sehr gelungen. Dieser an der Hafenausfahrt (oder -einfahrt) errichtete Lukullus-Tempel nennt sich selber »un lieu mythique« und datiert sein Entstehen »aux débuts tourisme hivernal«, was ungefähr Ende des 19. Jahrhunderts bedeutet, als man sich noch nicht im Hochsommer den nackten Rücken in der sengenden Sonne eincremte, sondern das Licht und das milde Klima der Riviera im Winter bevorzugte. 1862 war es noch ein auf den felsigen Klippen gezimmerter Holzpavillon, in dem die Händler frisch Gefangenes zum Probieren anboten. Erst 1875 soll das erste »Belvedere« als Hotel-Restaurant entstanden sein, ein kühnes italienisches Architektur-Ensemble aus Zement mit Rotunden, Casino, Meeresschwimmbad und – unerhörte Neuheit – einem kleinen Strandabschnitt für wagemutige Schwimmer. Ein wunderschönes altes Foto zeigt das Restaurant mit Pavillon und daneben einen heute abgetragenen Felsen, auf dem – lockende Werbung – ein großes Fischerboot thront. Seit 2007 ist es um- und ausgebaut und restauriert und wird ins 21. Jahrhundert geführt von – einem Finnen! Jouni Tormanen empfängt seine Gäste in kühlem, hellem, modernem Dekor auf zwei Etagen (die 2. Etage ist die »feine« Abteilung). Da sitze ich nun, glücklicher Gast, hoch oben über dem Meer, die Glaswände bieten einen atemberaubenden Blick die ganze im abendlichen Lichterglanz flimmernde Küste entlang; mit ein wenig Phantasie will man – da komme ich heute her – den Leuchtturm von Cap d'Antibes blinken und blinzeln sehen, man meint über den Fluten zu driften, noch dazu, wenn in die

Dämmerung hinein beleuchtete Kreuzfahrtschiffe tutend aus dem Hafen gleiten. Sie sehen ja sehr festlich aus, solange man nicht an Bord sein muß... Nein, man *darf* hier sein, nur die köstlich bereiteten Speisen, die verschiedenen Gänge unterbrechen das Träumen. Denn wenn langsam die Dämmerung das Licht aus dem Himmel leckt, sich Firmament und Meer zu vermählen beginnen, der grau-violette Himmel sich herniederneigt auf die nun ganz dunkel-silbrige See – ins Träumen geraten darf man schon. Der Literat in mir träumt sich auch Eichendorffs Zeilen herbei:

»Es war, als hätt' der Himmel
Die Erde still geküßt.«

Wach wird man jählings, wird die Rechnung präsentiert. Sie ist kußecht. Eingeladen zu werden ist etwas Angenehmes. Wenn es einem wohl ergeht, soll man sich selber belohnen, und wenn es einem schlecht ergeht, erst recht. So werfe ich meinen imaginären Kunst-Bumerang in die Lüfte, und auf geht's gen Vence. Denn dort erwartet den Wanderer Beglückendes.

Zuerst grüßt noch einmal Chagall. Und zwar in der Kathedrale »Notre Dame de la Nativité«; es war das kleinste Bistum Frankreichs, in dem zwischen 374 und 1801 tatsächlich 65 Bischöfe aufeinanderfolgten, und wegen dieser bischöflichen Vergangenheit behielt Vence seine Kathedrale, obwohl der Bischof der Diözese heute in Nizza residiert. Der ursprünglich frühromanische Bau beherbergt neben karolingischen Verschlingungen auf Pfeilern und Mauern, einer Valoncini-Orgel des Jahres 1871 und einem Christus aus dem 16. Jahrhundert, den sogar die Bilderstürmer der Revolution verschonten, jenen berührend-einfachen Taufstein von Marc Chagall aus dem Jahre 1979, von dem hier schon die Rede war. Die schlichte Demut dieses Steins klingt im Besucher nach, geht er hinaus und weiter zur Place Godeau; auch steinerne Schönheit hat ihre Geschichte – einst Friedhof, dann, nach 1780, aus grauen Granit-Quadern des Esterel geformt, wirkt der Platz wie eine eigene zum Himmel hin offene Kathedrale. Im Frühjahr ist es ganz still und leer hier, vielleicht streunt eine Katze um die Ecke, und ein paar Schritte hallen aus einer engen Gasse – da gibt es ein winziges Theaterchen, »L'avant scène«, und gleich daneben ein wenig größeres Bistro, »Zur wütenden Krabbe«. Wütend indes stimmt einen hier gar nichts. Heiter vielmehr alles.

Zumal den, der weiterkutschiert nach Saint-Paul de Vence. Mich allerdings stimmt dieser kleine »Schlenker« die Berge hinauf nicht nur heiter: Die

Wolken der Erinnerung können manchmal auch dunkel sein. Hier, fast genau gegenüber der »Fondation Maeght«, verbrachte James Baldwin die letzten Jahre seines Lebens. Er war ein Freund. Er war ein großer Trinker (wie William Faulkner, Ernest Hemingway oder Thomas Wolfe) – wenn er auch über meine Frotzelei »Du putzt dir ja schon morgens die Zähne mit Whisky« lachen konnte. Er war ein bedeutender Schriftsteller, in den 1960er und -70er Jahren erschienen seine Bücher – »Giovanni's Room«, »Another Country« – höchst erfolgreich auf der ganzen Welt. Er war ein unverklemmt offen lebender Homosexueller – keine einfache Existenz in jener Zeit. Vor allem galt er als die Stimme der Farbigen in Amerika, die mit ihrem Furor, ihrer Eloquenz und dem Elan eines Predigers wie eine helle Fackel in das düster-rassistische Amerika hineinwirkte. Noch 1978 gab er mir hier in St-Paul ein Interview für die ZEIT; tags zuvor unterhielten sich die beiden jahrelangen Freunde im großen Garten hinter dem provenzalischen Haus, und wir konnten scherzen: »Es ist ja unerhört, Jimmy – einst hielten wir uns ›euch Nigger‹ zum Orangenpflücken – und jetzt sitzt du hier vor 300 eigenen Orangenbäumen.« – »Nur weil hier keine Baumwolle wächst« war seine Antwort. Dann gingen wir in sein »Eßzimmer«, das noch heute (nicht zuletzt wegen der dort hängenden kostbaren Bilder) berühmte Restaurant »Colombe d'Or«, oben auf der Kuppe von Saint-Paul, und da war Baldwin, nie vermögend, immer verschuldet, der üppig bewirtende Stammgast. Neben dem Garten des Restaurants liegt ein schönes Landhaus; der Zufall wollte es, daß es mir Jahrzehnte später zum Kauf angeboten wurde, mit dem diskreten Hinweis des Maklers, es habe zuvor »zwei weltberühmten Künstlern von Bühne und Film« gehört; hinter der verschwiegenen Andeutung verbargen sich die Namen Simone Signoret und Yves Montand – auch sie keine Angepaßten. Wie wenig angepaßt in diesem Frühling des Jahres 1978 der inzwischen fast grauhaarige James Baldwin war, zeigen die emphatischen Sätze, die er mir aufs Interview-Tonband mehr schrie als sprach: »Ganz New York City ist ein KZ, ein Getto. Keiner von uns, der nicht in Gefahr war, keiner, in dessen Familie nicht einer erschlagen wurde, und kaum eine Familie, in der nicht einer dadurch zum Verbrecher wurde. Ich selber habe das Kribbeln der Mordlust aus Angst oft genug verspürt. [...] Ich heiße Baldwin, trage also den Namen eines Weißen; muß ich ausgerechnet Ihnen erklären, was das heißt? Das war einst mein Besitzer! [...] Es kommt doch nicht auf mich als Einzelfigur an; ich kann doch nur Membrane, Stimme sein. [...] Erinnern Sie sich nicht, wie sie Billie Holiday haben verrecken lassen, jene Weißen, die ihr kurz zuvor zujubelten – selbst wenn sie ›Strange Fruit‹ sang? [...] Ich bin in Amerika nicht zu Hause und werde es nie sein. Was bedeutet, daß ich nie, nirgendwo auf der Welt, zu Hause sein werde. Doch so seltsam es klingt: Ich liebe dieses Land. [...] Ich gehöre nicht nach Afrika, Afrika ist mir gänzlich fremd; ich gehöre nicht nach Chartres, auch wenn ich diese Kultur berühre – ich berühre sie wie eine Plastik von Giacometti. Gemacht hat er sie.«

Es war ein düsterer Nachmittag, aber er wurde doch noch wunderschön; denn eben fast genau gegenüber der Eingangspforte zu Haus und Garten von Baldwin liegt die Auffahrt zu der »Fondation Maeght« – und ihren Giacomettis. Wie zwei erschöpfte Kampfhähne atmeten wir den Pinienduft dieses in die Landschaft eingebetteten Kunsttempels, sogen wir die Ruhe ein, die Kunst dem bietet, der sich ihr aussetzt. Noch heute, ein Vierteljahrhundert danach, tänzelt gleichsam neben mir der versunken-stille James Baldwin, besuche ich den großartigen Park und das weiß über den Hügeln schwebende Gebäude – ein gestrandeter Ozeanriese mit seiner Last an Gemälden, Mosaiken, Skulpturen. Der katalanische Architekt Josep Lluís Sert hat ein weit in die Landschaft hineinstrahlendes Wunderwerk errichtet; wohl kein Zufall, daß es beherrscht wird von ganz verschiedenen Formaten seines Landsmannes Joan Miró. Eigentlich bin ich kein Verehrer dieses reichlich eklektischen Künstlers, hinter dessen Plastiken allzu oft das Echo des Originals Max Ernst hervorkichert und dessen Zirkel, balancierende Monde und bunte Strichmännchen mir mehr Design zu sein scheinen als großer Wurf. Doch merkwürdig: Hier, in dieser reich ausgestatteten Stiftung des einstigen Kunsthändlers Maeght – also einer Art Privatmuseum – bekommen sie Atem und Würde und eine ganz große Freiheit. Kunst, so aufgestellt und gruppiert, wird zum existentiellen Zeichen – seien es die Mosaiken von Braque oder Chagall, sei es die weite Giacometti-Terrasse mit ihren Wasserbecken, die seinen Bronzen ein Spiel aus Schatten und Spiegelung bietet; je nach Wolkensturm oder Sonnenglast wirkt in und aus ihnen etwas Mythisches, sie stehen mahnend, vorzeitliche Menhire. Was immer diese herrliche Sammlung darbietet, aufragend in den Himmel, sich abhebend vor grob belassenen Steinmauern oder jenen dräuenden Wolken nachjagend: Die Objekte wollen weg von uns, und sie wollen zu uns. Ein Märchengarten empfängt uns.

Eigenartig bis verstörend ist dabei eine alte, immer neue Erfahrung. Es ist Kunst, die ganz tief in unser Innerstes, in eine schwer zu definierende Schicht unserer Existenz eingreift. Vieles ist interessant, manches bedenkenswert, anderes stimmt nachdenklich. Aber nur die Kunst hat diese Kraft eines Senkbleis. Nehmen wir die vielen Denkmäler oder Erinnerungstafeln, oft mit verwitterten Inschriften, die in Südfrankreich (gleich nach Paris) uns so zahlreich vor Augen geführt werden. Das kann die hübsche Erinnerung an Anton Tschechow am Hotel »Beau Rivage« sein, der – was ich nie wußte – in Nizza sein Meisterwerk »Drei Schwestern« vollendete und zu Zeiten in derselben Pension »Hotel Oasis« wie Lenin wohnte; nehmen wir das übergroße Denkmal für die 4000 Nizzaer Gefallenen des Ersten Weltkriegs am Felsabhang des Schloßhügels gegenüber dem Hafen; nehmen wir das steinerne Spektakel oberhalb von La Turbie, das angeblich die Grenze zwischen Orient und Okzident triumphal markierte. Tatsächlich ist es wohl auf Geheiß römischer Senatoren errichtet worden, auf dem höchsten Paß der Via Iulia Augusta, der Grenze nämlich zwischen Gallien und Italien. Die Botschaft der Rotunde aus 24 dorischen Säulen, oben in 50 m Höhe gekrönt von einer Augustus-Statue, war unmißverständlich: Die Macht Roms ist unbesiegbar, wer Widerstand leistet, endet als Sklave. Doch dieses »war« bezeichnet auch den

Lauf der Geschichte – Mönche zerstörten die Statue des Heidenkaisers, dann sprengten französische Soldaten das Monument. Und »Lauf der Geschichte« heißt – nicht nur in den Alpis summa, wie der Paß einst hieß – oft auch »List der Geschichte«: Was wir heute sehen, nur mehr vier Säulen auf einem Sockel, hat im späten 19. Jahrhundert ein amerikanischer Millionär nachbilden und aufbauen lassen. Edward Tuck war, was heute so rar geworden ist: ein reicher Tourist, der Frankreich schließlich zu seiner zweiten Heimat machte und aus Dankbarkeit mit vielen Zuwendungen bedachte. Solch großem Geschichtsrätsel können wir dann als kleines Spiel gegenüberstellen das aparte Kreuzworträtsel »Name mit 8 Buchstaben – wessen Pseudonym war das, als er mit 24 Jahren die Artillerie des Département Alpes-Maritimes kommandierte?« – Das Pseudonym lautete Laurenti (Joseph), und eine Gedenktafel am clandestinen Wohnhaus lüftete das Geheimnis mit der Inschrift »Napoléon Bonaparte. Général de Brigade. Commandant l'Artillerie de l'Armée d'Italie. Habita cette Maison du 27 mars au 22 décembre 1794.« Gewiß, das sind kennerisch-gewitzte Spiele. Indes es doch Umwege sind zum Eigentlichen.

Dabei habe ich mit all diesen Umwegen einen Frevel begangen; denn es gilt, dem im nahe gelegenen Biot aufragenden »Musée Fernand Léger« seinen Tribut zu zollen, dessen machtvolles Riesenmosaik über der Eingangsfassade bereits den Rhythmus von Légers Kunstgesetz andeutet: Arbeit ist Spiel. Wobei diese Fassadenstruktur ein eigenes Spiel vorführt – die zwei großformatigen figürlichen Porträts sind verschleiert (wohl gegen die ansonsten sich dort einnistenden Tauben?). Die strahlende Farbigkeit der – renovierten – Mosaikwände verdeutlicht aber auch eine innere Gefährdung von Légers Kunst, zumal in der zart getönten ungebundenen Landschaft: Sie hat etwas Gewaltsames. Kunst, die nicht wispert, ist Plakat. Sie zeugt nicht, sie über-zeugt. Nur selten eignet Légers Arbeiten für mein Gefühl etwas Lyrisch-Schwingendes wie bei dem Tableau »Les Trois Musiciens« aus dem Jahre 1930, eine Arbeit zwar in Öl, aber nahezu ohne Farbe. Ansonsten schweigen seine Menschen – zumeist Arbeiter an Baugerüsten, fast an den sozialistischen Realismus erinnernd – nicht; sie haben etwas nach außen Gestülptes; aus den großen Keramik-Bas-Reliefs springen sie den Betrachter förmlich an. Zur Ruhe findet man am ehesten noch – keine Kunst in Frankreich ohne die kulinarische! – in der »Auberge du Jarrier« im Zentrum von Biot, wo man zwischen frischer Entenstopfleber mit gekochten Feigen oder in seiner Haut gegrilltem

Wolfsbarschfilet zu preiswerten Weinen der Gegend wählen kann.

Doch noch eine andere Nachdenklichkeit gibt einem das Léger-Museum auf, für mein Urteil viel zu wenig bekannt und gerühmt: Die französische Kultur ist ein fein gewirkter Teppich gegenseitiger Einflußnahmen, des Respekts vor dem anderen, oft auch der Huldigung. So wurde das Léger-Museum – eine Stiftung seiner zweiten Frau Nadia, der ehemaligen Schülerin und langjährigen Weggefährtin, die er 1952, zwei Jahre nach dem Tod seiner ersten Frau, heiratete – im Jahre 1960, nur fünf Jahre nach Légers Tod, unter der Ehrenpräsidentschaft von Georges Braque, Marc Chagall und Pablo Picasso eröffnet und schon kurz darauf von André Malraux, dem damaligen französischen Staatsminister für Kultur, in den Rang eines Nationalmuseums erhoben. Man erwies dem großen Kollegen die Ehre. Die Fäden und Verknüpfungen dieses »Teppichs« schlingen sich durch alle Genres – Sartre wie Genet schrieben bewegende Essays über bildende Kunst, die kleine Stadt Menton hat dem Schriftsteller-Künstler Jean Cocteau (dank des Stifters Séverin Wunderman) ein eigenes kleines Museum eingerichtet, und die Provinzbehörden haben es durchaus sinnigerweise »Jean Cocteau le Méditerranéen« gewidmet. Stets sauste das Weberschiffchen unseres Teppichs hin und her. Der Großvater der schon erwähnten Romanautorin Olmi – der alte Herr pflegte die Tafel würdevoll mit einem »La séance est levée« zu beenden – war Bürgermeister von Villefranche, wo er Cocteau den Auftrag gab, die Kirche auszumalen. Und es war Apollinaire, der Picasso mit dem Dichter Blaise Cendrars bekannt machte, dessen Band »J'ai tué« Léger illustrierte. Und es war Maupassant, der schon im Winter 1884/85 an der Côte d'Azur seinen Roman »Bel Ami« verfaßte, Weihnachten 1885 Antibes für sich entdeckte (wo er von einem alten Marineoffizier namens Maurice Muterse die Villa »Le Bosquet« mietete) und schließlich immer wieder Nizza (und dort seine Mutter) besuchte. Von hier aus segelte er mit seinem legendären Boot »Bel Ami« die französische Küste entlang. Und wie hieß doch die Adresse der »Villa des Ravenelles«, in der Maupassant die kranke Mutter, die ihn zehn Jahre überlebte, oft drei Mal wöchentlich sah? 14, Rue Renoir. Ein Kreis schließt sich, oder – um im Bild zu bleiben – die Fäden des Teppichs verknüpfen sich. Denn wenn ich vom Märchengarten der »Fondation Maeght« erzählte, dann ist hier ein neuer, gar silberner Faden unseres Teppichs herauszuziehen.

Es ist nämlich gar nicht weit zum Garten eines anderen großen Künstlers, zum Renoir-Museum in Cagnes-sur-Mer. Wer Muße mitbringt, sollte sich vorher einen Bummel durch das kleine Haut-de-Cagnes nicht versagen, durch die verwinkelten Gassen, über den Schloßplatz mit seinen ländlichen Restaurants und kleinen Hotels; Damen mit Pfennigabsätzen kann dieser Bummel nicht empfohlen werden, denn das holprige Steinparkett des ganz und gar un-schicken Ortes wäre zu riskant. Selbst hier gibt es Erinnerungstafeln an einigen Häusern – mal an einen dänischen Chansonsänger, mal an den großen ungarischen Lyriker Attila József, der den Sommer 1927 hier verbrachte. Es verkehrt sogar, wie praktisch, ein »Navette« – ein Shuttle-Bus – nach Cagnes. Dort kann, wer will, eine kleine Stippvisite im »Château-Musée Grimaldi« machen, immerhin hängt ein Gemälde von Tamara de Lempicka in den alten Gemäuern, und die »Exposition Hommage à Suzy Solidor« bezeugt eine weitere so liebenswerte französische Besonderheit: Man vergißt nicht, wen man einst verehrte – auch wenn es keine Berühmtheiten wie Edith Piaf oder Yves Montand sind, sondern beispielsweise die Kabarett-Chansonsängerin Suzy Solidor. Jeden Samstagvormittag pünktlich um 11 Uhr sendet France Musique mit dem inzwischen sehr populären »Étonnez-moi, Benoît«-Programm alte Aufnahmen dieser mal frivolen, mal halbfolkloristischen, mal kessen alten

Chansons zu meinem Entzücken; und zu meinem Bedauern, wenn ich daran denke, wie völlig vergessen die wundervollen Chansons von Friedrich Holländer bei uns sind, die kecke Blandine Ebinger oder die aggressive Rosa Valetti – alle in den Orkus des »Kenn ich nich« verdammt, die patzige Kate Kühl und die schnippische Grethe Weiser, selbst Gründgens und Marlene: Wo kann man sie heute mit ihren frechen Liedern hören? Wenn sie Pech hat, kriegt die Knef ein Ehrengrab – eine Neuproduktion ihrer Tucholsky-Platte kriegt sie nicht. In Frankreich dudeln sogar im »Bon Marché«, also im Supermarkt, die Stimmen von Charles Aznavour und Fernandel oder der Gréco.

Durchatmen und voran zur großen Kunst, zum 1907 erbauten Haus von Pierre-Auguste Renoir, das er bis zu seinem Tod am 3. Dezember 1919 im Winter bewohnte (sommers lebte er in Essoyes, dem Geburtshaus seiner Frau Aline in der Champagne). »Les Collettes« taufte er das für heutige Begriffe bescheidene Haus. Ähnlich seinem Freund Monet, der seinen durch zahlreiche Seerosenbilder berühmt gewordenen Garten in Giverny bei Paris abgöttisch liebte, kultivierte auch Renoir das parkartige Anwesen mit seiner Orangenbaumterrasse in die Wellen der Landschaft hinein, mit einem prachtvollen Hain voller Olivenbäume, die mit ihren verdrehten schwarzen Stämmen um das Haus zu tanzen scheinen. Hier waren Rodin, Bonnard, Matisse und Modigliani zu Gast, hier standen die jungen Bauernmädchen aus Cagnes-sur-Mer Modell; schon manchen Zeitgenossen waren seine pastos hingetuschten Figuren mit dem lichten Rosenschimmer auf der Haut oder die marzipanhäutigen Kinderporträts allzu lieblich. »Er soll aufhören zu malen, er kann es eben nicht«, soll Cézanne gesagt haben. Wie man sieht, gibt es Schnippischkeiten nicht nur unter Schriftstellerkollegen.

Auch hier möge wieder ein kleiner Exkurs erlaubt sein. Denn neben derlei Sottisen gab es auch Freundeszuneigung, verehrende Hilfe. Gustave Caillebotte – selber Maler von Graden, dessen Bilder heute in vielen Museen hängen – muß erwähnt werden: reicher Erbe und erfolgreicher Bootsbauer. Er war es, der dem Spott gegensteuerte und früh die Kunst seiner vom Markt noch gemiedenen Freunde Monet und Manet, Degas und Cézanne, Pissarro und eben Renoir kaufte. Als er 1894 mit nur 45 Jahren starb, hinterließ er eine Sammlung von 70 Bildern – vor vielen von ihnen stauen sich heute die Besuchermassen im Musée d'Orsay, darunter vor Manets berühmtem Balkonbild. Eines der Seerosenbilder von Monet – die Pariser Museen hatten bis zu Caillebottes Tod kein einziges impressionistisches Gemälde erworben – wurde im Sommer 2008 für 80 Millionen Dollar versteigert, das achtteuerste Bild der Welt zu jenem Datum. Renoir ist längst ein König der modernen Malerei, doch tief berührt stehe ich dann vor dem Rollstuhl, an den der alte Künstler durch eine rheumatische Arthritis gefesselt war. An die verkrüppelten Hände ließ er sich Holzlatten schnallen und an deren Enden den Pinsel befestigen: Die Arbeit war sein Leben, er malte sich in den Tod hinein. Er wollte keinen »behaglichen Lebensabend« – den der Hochberühmte und Hochbezahlte, inzwischen weltweit anerkannt als Begründer des Impressionismus, sich mühelos hätte gönnen können. Aber »mühelos« ist kein Adjektiv, das Künstler kennen. So schleicht man nachdenklich aus dem Haus eines Großen, selber ein Kleiner, aber alt nun auch, und immer öfter die Ermahnung Gutmeinender im Ohr: »Hör doch auf, du hast so viel gearbeitet in deinem Leben, warum willst du denn nun noch einmal ein Buch (nämlich über Nizza) schreiben; oder willst du mit deiner Schreiberei die Welt verändern?« Sie haben recht, indem sie unrecht haben – dieser, Renoir, *hat* die Welt verändert: durch Schönheit. Wie vor ihm Leonardo und nach ihm Rothko (der genau wußte, warum er sich nach dem Mexikaner Orozco diesen Namen gab).

Nun aber zurück nach Nizza. Schließlich ist die Stadt ihr eigenes Freilichtmuseum, öffnet dem Bummelnden immer neue Perspektiven. Die Stadtplaner haben da etwas ganz Besonderes geschaffen. So schwingen sich die großen Boulevards – wie der Boulevard Victor Hugo – oder die langen Avenuen nie ganz schnurgerade, sondern in eleganten Wellenlinien durch das Häusermeer, und sie führen immer auf einen kleinen oder größeren Platz, mal sind es nur baumumstandene Schaukeln und Wippen für die Kinder, mal regelrechte, gepflegte Parkanlagen: Zur Place Wilson (wo das höchst angenehme Restaurant »Les Épicuriens« einlädt) führt die Rue Gubernatis, gleich um die Ecke das kleine Geschäft »La Maison des Plantes«, ein »Herboristes«-Laden für allerlei Kräuter, mit Jugendstilkeramiken geschmückt, die jedes Sammlerherz höher schlagen lassen; drei Buchhandlungen in je 150 Meter Abstand, ein skurriles Antiquariat mit Büchern über die Sahara und Algerien, denn es ist spezialisiert auf die »Légion Étrangère«, und zwei Kioske, die absolut keinerlei ausländische Zeitungen feilbieten. Wir sind im Herzen Südfrankreichs, hier oder am »Square d'Alsace-Lorraine« mit seinen reputierlichen Bürgerhäusern ringsum ist alles beschaulich, schmuck, abgeschieden. Wohlhabend auch gelegentlich wie »La Place Mozart« mit den imposanten Wohnhäusern, die den Platz umgeben. Hier Vorgärten mit Zitronenbäumen, dort Balkone vollgewuchtet mit Bougainvilien, da Dachterrassen mit Kakteen und Palmen, die Straßen ohnehin gesäumt von Platanen und Oleanderbüschen. Gewöhnt an das prasselnde Knacken der Eicheln unter den Schuhsohlen oder die sich aus pikender Hülle schälenden Kastanien, bestaunt der deutsche Gast im Herbst die goldfarbenen Wedel der Palmenfrüchte, und statt Chrysanthemen prunken die weiß ragenden Glocken der Agavenblüten. Nur selten stört die Neuzeit mit einer Auslage von Brillen im Porsche-Design oder einem überstilisierten Blumengeschäft, in dem in schwarzen Glasvasen geköpfte weiße Lilien ihrem Blütendasein nachweinen.

Spaziergänge durch Nizza – das ist Lust zum Anfassen: ein perfekt ziseliertes Gitter, ein drei Meter hoher Rosenstrauch oder die Produkte eines »Chocolatier«. Aber ich gehe nicht nur, ich fahre ja auch spazieren. Und das heißt, immer wieder in die so staunenswert abwechslungsreiche Umgebung, ins »Hinterland«. Da gibt es ein schweigendes Bergnest – Peille – aus dem 12. Jahrhundert, 20 Kilometer von Nizza entfernt, die Dächer tiefgezogene Zipfelmützen, die Gassen mittags ausgestorben. In den Gärten stürzen im Mai die Trauben der blühenden

Akazien wie weißer Wein aus dem Laub, und wenn der Zufall es will und es ist der 8. Mai – noch immer ein wichtiger Gedenktag in ganz Frankreich –, greift jene Beklommenheit nach dem deutschen Gast, der noch vor kurzem diese Plakette zum Gedenken an Louis Aragon sah und sich seines Gedichts aus dem Mai 1941 erinnerte; denn hier oben, in der von dornigen Büschen überwucherten Bergwelt, hausten auch die Résistance-Kämpfer im Maquis-Gehölz, nach dem sie sich nannten. Zugleich liest man in dem Dörflein eine andere Steintafel, die an den König von Aragon erinnert, dem der Flecken und die Umgebung bis weit nach Monaco hin einst gehörte. König Aragon, Dichter Aragon – französische Geschichte.

Auf lustigere Weise feiert man hier zur Karnevalszeit. Da verkleiden sich die Bergbauern als dickbusige, bärtige Hexen und stämmige Bauersfrauen als reisige Ritter mit Brünne über dem Geblümten. Sie biegen um die Ecken der engen Gassen, die scheppern vom begeisterten Gekreisch der ausstaffierten Kinder, johlend vor den selbstgebastelten Pappdrachen und gefiederten Holzschlangen auf den Rädern von Kaminholz-Karren. Manch Ungetüm, illuminiert von Kerzen in Bauch und Schlund, wird aus lattengesicherten Ställen und Verschlägen hervorgezogen, geschubst, gezerrt.

Ein ganz unverhohlenes Fest von Freude, Jauchzen und Übermut. Es erinnert ein wenig an die simple kleine Oktober-Prozession, wenn »Sainte-Réparate«, eine Heilige von Nizza (nach der auch die Kathedrale getauft ist), mit einem anspruchslosen Volksfest hervorgeholt wird, getragen und umtanzt von jungen Menschen in provenzalischen Kostümen. Sehr verschieden von jenem Karneval unten in Nizza, der unergründlicherweise erst Mitte Februar beginnt und eine Pappmaché-Abzocke der Touristen ist. Keinesfalls ein Volksfest. Hinter Absperrungen, sogar Sichtblenden, damit kein unbezahlter Blick auch nur eine der fröstelnden Prinzessinnen im Plunder-Fiffi erhasche, werden eher phantasielos-bombastisch herausgeputzte Wagen die Straßen entlanggezogen. Sie erzählen kein Märchen, sie zählen das Geld: 25 Euro für einen Tribünenplatz entlang der Promenade des Anglais. Die armen Kinder – die Mädchen, die ratlos in ihren niedlichen Plusterröcken, die Jungens, die mit Buntkreide bemalten Gesichtern und Pappschwertern mitspielen möchten –, die sind nun aufmüpfige Zaungäste, weil der Eintritt zur Kavalkade ihnen verwehrt wird, zahlten die Eltern nicht (es gibt nur ganz wenige enge Schlupflöcher); sie hören von ferne das lockende Tschingderassabum, aber sie sehen den Karnevalskönig unter seiner wippenden

Krone nicht und nicht den feuerspeienden Drachen. Für leichte, heitere Freude, für Spiel und Tanz ist das durch Hunderte Polizeiautos gesicherte Zählspiel nicht gedacht. Ein Volksfest ohne Volk. Anderes Volk aber kommt aus Polen, Bulgarien und Neustrelitz in klimatisierten Bussen. Ein endloser Flüchtlingstreck, weg aus den Autowerkstätten von Warschau, aus den Amtsstuben von Sofia, den Piep-Piep-Kassen des Supermarkts der Uckermark – hin zum Defilee der Kommerzromantik mit elektrischen Kulleraugen. Das Portemonnaie muß gezückt werden. Entzückend ist das nicht.

Wie schön ist dagegen eine Wanderung zur selben Jahreszeit durch die Mimosenwälder von Tanneron; das liegt nur eine halbe Autostunde von Nizza entfernt bei Mandelieu, oberhalb von Cannes. Wenn Feuer schäumen könnte: Ein gelber Feuerschaum zieht sich die Berge hinauf, soweit das Auge reicht. Man ist eingehüllt in den schweren Duft der Mimosen, wenn man die schräg zum Berg hin angelegten Wanderwege entlang mal stolpert, mal schlendert. An dieser Biegung gibt der Pfad den Blick frei auf die Bucht von Théoule-sur-Mer, an der nächsten weit ausschwingend auf die von Cannes. Ganz oben, in das gelbe Wattekissen eingepolstert, das für Frankreich unvermeidliche ländliche Restaurant, in den Tagen der »Fête des Mimosas« Türen und Fenster geschmückt mit großen Mimosenstöcken, die, in dicke Bottiche gesteckt, auch den kleinen Ort allenthalben zieren. Zärtlicher dann, von kleineren Zweigen umkränzt, das Schild »À la Mémoire glorieuse des Enfants de Tanneron – Mort pour la France« – selbst hier, hoch oben im luftigen Nichts. Tatsächlich muß man staunend feststellen, wie nahezu jeder Ort – ob ein kleines Dorf, ein Marktflecken oder auch Nizza selbst – mit mal unscheinbar trauervollen Tafeln, mal auch etwas triumphal-martialischen Monumenten der Toten des Ersten Weltkriegs gedenkt; denn es waren Hunderttausende, die in Verdun oder an der Somme verreckten, während die rasche Kapitulation 1940 nur einen »drôle de guerre« beendete und daher das andere, das »Tué le 6 juin 1940« nur seltener zu finden ist.

Der Kritiker Tilman Krause, seine prägenden Studienjahre hat er in Paris verbracht, beschrieb das in einem WELT-Artikel treffend: »Einer der großen Unterschiede zwischen Deutschland und Frankreich, der sich sofort bemerkbar macht, wenn man tiefer ins Gespräch eindringt, ist die unterschiedliche Bewertung des Ersten Weltkriegs. Bei uns ist die Erinnerung an ihn doch arg verblasst. [...] Aber ›la grande guerre – der große Krieg‹, wie er noch oft ganz ungeniert genannt wird, der bleibt in Frankreich in aller Munde. Unzählige Familientreffen erinnert jeder, bei denen irgendwann die genervte Hausfrau ihren Vater, Gatten, Bruder ungeduldig beschwor: ›Tu ne vas pas encore raconter ta guerre – hör auf, uns schon wieder mit deinen Kriegserinnerungen zu behelligen!‹ Denn das taten sie, die Helden von 1914 bis 1918, die ihr Lebtag nicht hinweggekommen sind über diese ›Urkatastrophe des 20. Jahrhunderts‹, in der ja nicht nur das lange 19. Jahrhundert unterging, sondern auch die Idee von einer humanistischen, fortschrittlichen Gesellschaft.«

Ein wenig schämt man sich seines deutschen Akzents da oben im Mimosenwald, wenn man in der benachbarten Gärtnerei – seit Jahren schwänzelt der alte Hund herbei und begrüßt der nur wenig jüngere Pflanzenpfleger den Fremden – den üppigen Strauß für die heimische Terrasse kauft. Doch versöhnlich klappert das Wortballett: »Bonjour, Monsieur« – »Bonjour, Monsieur« – »Ça va, Monsieur?« – »Ça va, Monsieur, merci« – »Merci, Monsieur« – »Merci, Monsieur« – »Au revoir, Monsieur« – »Au revoir, Monsieur – et à la prochaine«.

Von dieser Einöd-Pracht ist es dann, nimmt man die Autoroute, eine knappe Dreiviertelstunde Fahrt zum öden Prunk: Monte Carlo. »Wir leben in Monte«, sagen die schicken Leute. Es ist die perfekteste Kunstwelt, die ich kenne. Bereits am Grenzübergang zu dem Staat – Monaco zählt 33000 Einwohner, Monegassen genannt – steht unvermeidlich, bei Tag und bei Nacht, ein Polizist in schmucker Uniform mit weißen Handschuhen; niemand weiß, wozu – ein Symbol. Aber für was? Für die Wacht über das Geld?

Denn von den phallus-gierig emporgereckten Wolkenkratzern dieses glitzernden Mini-Staates scheint ein leises Läuten goldener Glocken zu ertönen, in diese Musik der Geldkathedralen mischt sich das Rauschen des Meeres, doch es klingt wie ein Choral »Fiskus, erlöse uns« hinauf zu den in ihren luxuriösen Wohntürmen Eingesperrten. Sie singen »Mammon, du Herr der Welt, gepriesen sei dein Name«, und Hostie reimt sich hier auf Aktie.

Unvergeßlich des armen BB Gedicht vom gefallenen Soldaten »Und man konnte, wenn man keinen Helm aufhatte, die Sterne der Heimat sehen«. Helme – es sei denn, man wolle ihre Frisuren so nennen – haben die Damen in »Monte« eher nicht. Aber ihre den Neid von Queen Elizabeth erregenden Hüte lassen einen Blick auf die Sterne ebenfalls nicht zu; was auch unnötig ist – sie tragen ja reichlich Sterne am Hals und am Handgelenk. Furchtlos, weil gut bewacht; Polizisten an jeder Ecke. Der Staat ist klein, groß sind die Konten, die Brillanten, die Hochhäuser, die Rolls-Royce- und Maybach-Limousinen. Die durchaus zu Spott aufgelegten Monegassen sagen: »Man steigt in Monte Carlo hinten in eine Stretch-Limousine ein – und steigt man vorne wieder aus, ist man in Frankreich.« Steigt man aber nicht wieder aus, so bieten die teilweise mit rotem Marmor getäfelten Tiefgaragen reichlich Platz, jede Parklücke ist doppelt so lang und breit wie in den Parkhäusern Nizzas. Die Nationalhymne des Operettenstaates wird gleichsam charakteristisch von einer Filmdiva gehaucht: Marilyn Monroe mit ihrem »Diamonds Are a Girl's Best Friend«. Die »Girls« sind etwas in die Jahre gekommen, doch sie hatten einst spendable Gönner, die ihnen reichlich »Best Friends« hinterließen. Nun wohnen sie in immer neu einer Felskante von Preßlufthämmern abgetrotzten Türmen, großenteils so häßlich, daß man von kapitalistischem Stalinismus sprechen möchte. Meine witzige Kollegin Charlotte Frank schrieb in der *Süddeutschen Zeitung* vom Charme des Berlin-Marzahn-Viertels. Der Unterschied besteht allerdings darin, daß die größtenteils unbewohnten Beton-Giganten am Mittelmeer nachts hell erleuchtet sind – es handelt sich ja um Briefkastenadressen, und während die Eigentümer auf ihren Yachten um die Bermudas schippern, müssen sie qua Stromrechnung den Finanzbehörden ihre Präsenz in »Monte« nachweisen; neuerdings sind die Dienstboten gehalten, möglichst viel und teuer zu telefonieren (was ihnen früher streng verboten war) – auch die Telefonrechnung ist Aufenthaltsbeweis. Es scheint, als seien Künstler von so rigiden Zwangsvorschriften ausgenommen. Eine der Prinzessinnen, wie weiland Fontanes Frau Jenny Treibel mit dem »Sinn für das Höhere«, hat ihnen großzügige Ateliers einrichten lassen, wo sie so selten wie die Finanzhaie hausen, da sie in Mailand, Paris, London oder New York arbeiten, aber hier versteuern – bzw. eben nicht. Ich war sehr versucht, ein Türschild zu fotografieren, auf dem man sechs der renommiertesten Namen der internationalen Kunstwelt hätte lesen können.

Kunst, das muß gerechterweise hinzugefügt werden, bietet die Mini-Metropole dann doch auch. Die Stadt hat ein fabelhaftes Orchester und kann sich – in mehreren, dem Meer abgerungenen, großzügigen Konzertsälen – die besten Violin- oder Klaviersolisten der Welt leisten: Gelegentlich hat man die Qual der Wahl – will man im üppig restaurierten »Salle Garnier« in Monte Carlo das »Ave Verum« von Mozart hören, oder fährt man – auch das ist die Côte d'Azur – nach Cannes, wo Natalia Gutman – sie trägt den Ehrennamen »weibliche

Rostropovich« – ein Violoncello-Konzert gibt. Alles bei übrigens derart billigen Eintrittspreisen, daß man für den Betrag kein Steak Tatare im snobistischen »Café de Paris« bekäme, vis-à-vis vom legendären Spielcasino, das jetzt größtenteils zu einem vulgären Flippermaschinen-Las-Vegas heruntergekommen ist. Vorbei die seligen Zeiten, da man sich gegen Morgen nach verspielten Millionen im Frack auf den Klippen erschoß, wie es sich gehört.

Was sich inzwischen gehört – Mischa Maisky hin, András Schiff her –, ist leider dubios. Schwarzes Hemd mit weißer Krawatte zum weißen Dinner-Jacket: also Gebrauchtwagenhändler. Auch die Damen im Nerz futtern ungeniert aus der Popcorn-Tüte, und den Bentley-Chauffeur im T-Shirt mag man auch nicht eigentlich distinguiert nennen. Da sie das vielgerühmte Zirkusfest von Monte Carlo mit so herrlich bösem Blick persifliert hat, zitiere ich noch einmal die Reportage der »Süddeutschen Zeitung«: »Man erwartet eine Sensation, einen nie gesehenen Doppelflickflack, einen gefährlichen Tiger. Bis der Trommelwirbel abreißt – und Fürst Albert eintritt. Na ja. Immerhin ein Salonlöwe, allerdings mit dem Charme eines Sparkassenleiters. Im Arm hat er seine Freundin, die südafrikanische Schwimmerin Charlene Wittstock, die im langen Glitzermantel über dem breiten Kreuz aussieht wie der Zirkusdirektor persönlich. Sie hat ja wohl stilistisch auch bald einiges zu sagen, im Fürstentum. Es folgt Stéphanie, eine Illusion in Schwarz-Gold, mit ihrer Tochter Pauline. Obwohl doch seit ihrer Ehe mit einem Artisten kein Zweifel mehr an ihrer Vorliebe für die Manege und ihre Helden besteht, wirkt Stéphanie eher pflichtbewußt. Es scheint nicht nur Spaß zu sein, zehn Tage lang jeden Abend Akrobaten angucken zu müssen: Akrobaten am Seil, Akrobaten auf Pferden oder fachgerecht übereinandergestapelt. Über die Clowns, die selbst in Monaco nichts anderes tun, als zu stolpern und merkwürdige Dinge zu verschlucken, kann die Prinzessin überhaupt nicht lachen, sie klatscht ungefähr so versteinert wie einst die Delegierten auf KPdSU-Parteitagen, und als die Pausenclowns das Publikum zum ›Viva-España‹-Singen animieren, kneift sie den Mund zu. Charlene auch. Nur Albert gibt sich beschwingt. ›Kein Wunder, er bekommt nirgends sonst so viel Applaus‹, hat Festivalgründer Frère zuvor prophezeit.«

Hineingeprescht ins Paradies der Werktätigen sind wir also auf der Autoroute. Es gibt aber eine sehr viel schönere Wegstrecke, die ich dringend empfehle. Heraustrudeln wenigstens sollte man auf der Basse Corniche. Nein, Kommando zurück. Es wäre doch zu schade, die wunderschöne Uferstraße im Dunkeln wie an einer paillettenbesetzten Sammetschlaufe entlangzuflitzen. Besser umgekehrt – man nimmt sich einen eigenen Tag und gondelt gemächlich von Bucht zu Bucht, nimmt sich auch Zeit, bummelt die schönsten Spazierwege entlang, die die Küste zu bieten hat, genießt auch die kleinen, wie wellige Muschelränder sich hineinwölbenden Badestrände. Da schmiegt sich dem Gast – von Nizza kommend – erst einmal das entzückend gelegene Villefranche-sur-Mer entgegen, mit intakten Gassen, keineswegs üppigen Häusern (die liegen weiter oben an den Berghängen), einer Uferpromenade mit einfachen, aber gut geführten Fischrestaurants. Nur gelegentlich trumpft weiter draußen im Meer ein Kreuzfahrtschiff auf, sonst schunkeln Bötchen vor dem Strandabschnitt, der gerne von kinderreichen Familien frequentiert wird. Der »Clou« des Ortes ist gewiß das Hotel »Welcome«, berühmt für seine Gäste von Oscar Wilde, Charles Baudelaire und Albert Einstein über Jean Cocteau oder André Gide bis zu Klaus Mann; es galt vielen Künstlern in seiner idyllischen Abgeschiedenheit – aber in zehn Minuten von Nizza mit der kleinen Küstenbahn erreichbar – als Refugium. Nicht zu Unrecht ist »La Chapelle St-Pierre« einer dieser Berühmtheiten gewidmet: »À l'ami Jean Cocteau, décorée par Jean Cocteau.« Wir lasen ja bereits von

Madame Olmis Großvater, der das initiierte. Das alles atmet bis zur Stunde eine lärmlose Behaglichkeit; ein Ort, in dem die Polizeistation untergebracht ist im »Ancien Palais des Princes de Savoie«, kann sich nicht aufplustern.

Zehn Autominuten weiter, in Beaulieu-sur-Mer, verlockt nun geradezu das Gegenteil – das nach meiner Erfahrung nun wirklich letzte Grand Hotel der ganzen Umgebung, das noch den Namen verdient. »La Réserve« ist kein Betongigant, es wirkt wie eine gediegene Villa der Belle Époque in einem kleinen Park, der die Bucht säumt; wäre es nicht ein Haus, man könnte meinen, es rolle auf Gummirädern – der Service, vom Empfangsportier bis zum Kellner, der den Tee am (auch im Winter) geheizten Pool serviert, gleitet elastisch in diskreter Distinguiertheit, kaum spürbar die Gäste umsorgend, die dort weder halbnackt noch mit dem Messer in der linken Hand genießen, was die zugegebenermaßen teure Karte zu bieten hat. Man sitzt wie auf einer Landzunge oder wie auf einem von der See umplätscherten Schiffsbug – vor sich die Weite des Mittelmeers, hinter sich die unverbauten Felsklüfte der Alpes Maritimes. »Leben wie Gott in Frankreich« – so muß es einmal gewesen sein, aber so ist es nur noch selten und nur an verstecktem Ort.

Natürlich ist es kein Zufall, daß man von hier aus einen ganz besonders reizvollen Spazierweg wählen kann, denn wir gelangen sehr rasch zu jenen »Beaux Quartiers«, den Vierteln der Reichen – nämlich zum Cap Ferrat. Allerdings ist es auch kein Zufall, daß überhaupt ein Spazierweg da ist, den man nun in vielen kleinen Kurven entlangwandern darf: Unter der sozialistischen Regierung Mitterrand wurde durchgesetzt, daß jeglicher Zugang zum Meer öffentlich sein muß. So thronen die vollkommen phantastischen Besitzungen der Superreichen von Cap Ferrat (wohl die teuerste Gegend Frankreichs) in ihren prächtigen Parks über jener Promenade de Rouvier, die ich in »Promenade d'Envie« umgetauft habe; denn selig sind die, die frei von Neid. Ich bin es nicht durchweg angesichts der Herrschaftssitze von Cap Ferrat, die man durch Palmenhaine, Orangenplantagen und Kakteenwälder meist knapp erspähen kann. Unter ihnen latscht nun der sprichwörtliche kleine Mann (mit Mitterrands Hilfe) am Meer entlang, und ein apartes Detail weist auf die einst noch herrlichere Herrlichkeit: Unterhalb des Spazierwegs gibt es kleine und manchmal gar nicht so kleine stählerne Pforten, gelegentlich führen sie zu einer Art ummauertem Yachtanlegeplatz: Aus diesen – frei nach 007 – können dann die »Schloßherren« mit ihren unterirdisch geparkten Schnellbooten hervorschießen; vielleicht zum Einkaufen nach »Monte«? Böse Zungen wollen wissen, daß es Stainless-Tür-und-Tor für Schmuggel sei – irgendwie muß das viele, viele Geld ja verdient werden … Einige der »Oberklasse« haben auch schmale steinerne Brücken über den Weg mauern lassen, die führen dann zu einem gesicherten Türchen »Plage privée« – oder »Port privé«.

»Aber schön, aber schön war es doch«, heißt es im Chanson. Der gelbe Neid ist ja von Sonne und Salzluft rasch weggeleckt, der Weg um die Halbinsel Cap Ferrat ist zu wundersam, um ihn sich verderben zu lassen, etwa durch die ausstehenden Honorare des Verlegers. Eigentlich schwebt man und meint die Stille zu hören, das Atmen des Meeres; das (gewiß täuschende) Gefühl, die Welt sei weit, weit weg, hebt einen über Sorgen, Gebrechen und Kümmernisse, als plustere der Wind vom Meer einem die Flügel auf, trage einen fort von Yacht- und Konto- und Villen-Gedanken. Es mag bigott klingen; aber dieser Pfad entlang der reichsten Küste der Welt verleiht Leichtigkeit, Frohsinn und Freiheit. Wer dann noch sich die Muße gönnt, an der beschaulichen Paloma-Beach zu schwimmen, weiß nicht nur, »das Meer gehört auch mir«, sondern schwimmt ins Glück.

Dabei geschieht (mir) etwas Seltsames. Den nun allerschönsten Spaziergang Nizzas bietet nämlich gar nicht Nizza, sondern ein kleines Städtchen, das nur meine Ungezogenheit, Nizza zu »erweitern«, mit einbezieht: Cap d'Ail. Man muß von Cap Ferrat in Richtung Monte Carlo weiterfahren, Cap d'Ail ist eigentlich schon ein Vorort von »Monte«, und es gilt in der Mitte des Ortes abzubiegen hinunter zum Meer, am besten dem Schild »La Pinède« folgend (das ist ein liebevoll direkt über dem Wasser zurechtgezimmertes unprätentiöses Restaurant): enge und steile Serpentinen hinunter – dann geht der Vorhang hoch zur großen Überraschung. Und die ist ohne Neid – man kann ja auf große Oper nicht neidisch sein, nicht auf »La Traviata« oder »Don Giovanni«. Neid gilt, scheint mir, stets nur dem – wenn auch in kühnsten Träumen – Erreichbaren, nicht der unendlichen Ferne, der überragenden Größe. Wer da will, mag – ist er Schriftsteller – auf Martin Walser neidisch sein; wer es auf Goethe ist, bleibt ein Narr. So sind die hoch da droben auf den ragenden Felsen errichteten Prunksitze, in denen Sascha Guitry lebte, die irgendein Märchenprinz erbaute, in denen die Garbo zu Gast war, gleichsam dem Irdischen entrückt; wenngleich mit Geschmack in mächtige Parks eingebettet, die abschirmenden Hecken aus

Agaven und Kakteen mit so fett-dicken Blättern, daß die jungen Liebespaare von heute ihre Namen wie in Baumrinden in sie hineinpunzieren.

Ein bequem-breiter Weg führt unter diesen Residenzen direkt am Meer entlang – vor dem schon mal in perfektem Deutsch gewarnt wird »Übergang der duch unruhiges Meer verboten wurde« oder »Achtun Nicht den im Wasser arbeitenden Maschinen zu nahe treten, denn sie arbeiten für Sie«. Zu nahe treten kann und konnte man da wohl niemandem, allenfalls mit Kinderaugen bestaunen kann man so eine weiße »Villa The Rock«, sie wirkt so »ungeheuer oben« wie jene von Brecht besungene Wolke, ist vielleicht aus der – Stein gewordenen Ballade – herabgestiegen. Solche Anwesen, die von vergangenen Zeiten singen, gibt es an der ganzen langen Küste mancherlei; so viele und vielfältige wie unten am Küstenabschnitt von Cap d'Ail selten. Madame Cornélie möge uns verzeihen. Deren Mann – ein reicher Holländer namens Hugh Hope Loudon – ließ ihr zu Ehren (und auf das Anagramm Eilenroc getauft) von Charles Garnier, dem Architekten der Pariser Oper, einen riesigen Palast am Cap d'Antibes hinzaubern: elf Hektar Land, das dieses ziemlich einmalige Juwel zwischen den kostbarsten und seltensten Bäumen und Pflanzen fast verschwinden ließ. »Ließ« ist insofern falsch, als das für die vorige Jahrhundertwende galt, für spätere Jahre noch, als Rudolf Valentino hier dinierte und der Fabelsitz mit Hilfe des Restaurators von Versailles erneuert wurde. »Läßt« ist richtiger, denn im Wechsel der Zeit wechselten auch die Besitzer und ihre Gäste, Maharadschas, Politiker, Künstler, Schriftsteller – bis die letzte Inhaberin Madame Hélène Beaumont 1982 alles der Stadt schenkte. »Ließ« – »läßt«: Die Vergangenheit ragt manchmal auch in die Gegenwart hinein; eine eher dürre Notiz gibt Auskunft: »Les jardins sont ouverts au public les mardis et mercredis«.

Ein wenig erinnert an solche monumentalen Selbstfeiern auch das märchenhaft zwischen den kleinen Hafenbuchten von Théoule und Napoule gelegene »Château de la Napoule«, das in den 20er Jahren von dem amerikanischen Millionär Henry Clews gekauft und restauriert wurde: ein ehemals mittelalterliches Fort mit Gartenanlage und im 19. Jahrhundert hinzugefügter Terrasse – heute ein kleines Restaurant. Leider aber hatte Mr. Clews wie so viele Reiche den Ehrgeiz, Künstler zu sein; so wurden ein falsch-gotischer Speisesaal mit von ihm entworfenen Türen verunstaltet, Balkendekken zwar restauriert, aber mit seinen »kunstvollen« Kapitellen versehen und allenthalben, wohin der Besucher sich auch wendet, die Erzeugnisse seines monströsen Geschmacks ausgestellt. Selbst eine Art Basilika hat er sich in einem eigens hinzugefügten Turm einfallen lassen, mit noch zu Lebzeiten aus Marmor gemeißelten Sarkophagen. Darin liegen nun der so unglücklich in die Kunst verliebte amerikanische Jedermann und seine 1959 verstorbene Gattin Marie. Sie hatte immerhin schon 1951 die splendide Idee zu einer großzügigen Stiftung, dank derer das etwas hoffärtige Unikum bis dato unterhalten und öffentlich zugänglich gemacht wird.

Das sind Orte und Momente, in denen die Zeit den Atem anzuhalten scheint. Doch es bedarf gar nicht immer so dramatischer Diven-Gebärde. Göttin Grazie tritt durchaus auch in bescheidener Kulisse auf, im uns schon bekannten Städtchen Peille, hoch oben auf einem Bergsporn in verlorener Einsamkeit zum Beispiel, dort trägt die Grazie im Frühjahr ein tuffiges Gewand aus rosa Pfirsich- und Mandelblüten, lädt in die schlichte Gaststätte »Auberge de la Madone« und scheint durch die steilen Gassen der unweit gelegenen Dörfer Coaraze oder Lucéram zu schweben; man fragt sich nur, wer hat und warum diese schmucken Einödnester hoch in den Bergen errichtet? Möchte man da leben? Aber unsere gastliche Göttin, auch eine Fee der begehrlichen Wünsche, hält ja viele Einladungen bereit, entlang der begnadeten azurnen Küste. Eine davon bittet in das 1870 erbaute sagenumwobene »Hotel du Cap Eden Roc«, filmreich gelegen in seinem Pinien- und Palmenpark, bugähnlich ins Meer ragend an der äußersten Spitze des Kaps von Antibes, schon anno dunnemals die Dietrich beherbergend und Picasso, Rita Hayworth und Franklin Roosevelt, König Farouk und Stefan Zweig. Ein eigener Schwimmlehrer brachte Charlie Chaplin das Schwimmen bei, der Hotelchef begrüßte die ihm fast immer persönlich bekannten Gäste am Eingang, für deren immer mitreisende Lieblinge es übrigens einen eigenen Hundefriedhof mit Platten aus weißem Marmor gab und immer noch gibt, diskret verteilt auf dem weitläufigen Gelände. Und dann der Klatsch über die Greisin, die ihre Gigolos mit Kaviar und Champagner in Stimmung bringt; über das eilendst aus St-Tropez per Hubschrauber eingeflogene Dessert, weil trotz des vorzüglichen Restaurants Frau Yachtbesitzergemahlin der Nachtisch nicht mundete; und die Herrschaften vom Film (Cannes ist ja in der Nähe), die ihre Rechnung über 400 000 Euro ohne zu zögern bezahlen – der Klatsch füllte Bände. Apropos: Auch dieses Lichtspielhaus ist nicht mehr ganz, was es mal war – bis vor kurzem nahm man dort weder Schecks noch Kreditkarten in Zahlung (weder die aus Platin noch die für unbegrenzte Höhen gültige schwarze); Anzahlung und später die Rechnung. Modern Times hat auch dieses Kino erreicht – keine Göttin, keine Fee ist vonnöten, American Express macht's möglich für jeden, der zwischen 3000 und 5000 Euro pro Nacht ein Zimmer wünscht. Es gibt wohl, so las ich kürzlich, eine Art Gegenmodell in unmittelbarer Nachbarschaft, das 6-Zimmer-Hotel »Val des Roses«; zwar ohne geheizten Meerwasserpool, dafür im Angebot den schönen grünäugigen jungen Mann mit schwarzen Locken und den obligaten langen schmalen Händen, mit denen er den Kaffee serviert. Es ist die DVD-Version fürs große Cinemascope-Theater. Da ich jedoch weder einen Hotel- noch einen Restaurantführer schreibe, sondern nur von meinen persönlichen Vorlieben und Abneigungen, soll unbedingt gesagt sein: Jedem das Seine. Über Geschmack soll man (nicht) diskutieren, sowenig man über Mode räsonieren kann. Ich fand das bodenlang wehende Kleid aus schwarzen Federn bei einer Dame meiner jungen Jahre hinreißend; heute sieht man eher die Plateauschuhe zum Minirock aus zerfetztem Jeansstoff. Leben heißt Aussuchen.

Dazu bietet Nizza und seine Umgebung so unvergleichlich viel Gelegenheit. Eben noch kommt man spätnachmittags aus einem Händel-Corelli-Vivaldi-Konzert des sehr guten »Ensemble Baroque de Nice« in der Cathédrale Sainte-Réparate – da schlägt man die Zeitung auf mit der Nachricht, daß am hellichten Tage und mitten im Stadtzentrum auf offener Straße eine Apothekerin erstochen wurde; eben erfreut man sich der seit 2007 installierten Straßenbahn, mit der man bequem den überbordenden Autoverkehr unterlaufen kann – da gerät man in eine Demonstration der Anwohner des eleganten Viertels Cimiez, weil wegen genau dieser Straßenbahn der umgeleitete Autoverkehr das stille Quartier zur Lärmhölle macht. Darüber lassen sie sich auch nicht durch eine skurrile Idee hinwegtrösten: Der Künstler Ben hat für jede Haltestelle einen Denkspruch erfunden, der dort nun weiß auf schwarz ermahnt »La gloire, c'est du boulot« (Ruhm ist harte Arbeit) oder auch nur »Souriez« (Lächeln Sie); eben begrüßt man die Modernisierung der bislang zwar charmanten, aber oft auch verkommenen Marktstände, die unmittelbar neben Fischköpfen Kopfkissen feilboten – da sieht man empört, daß der alte provenzalische Bahnhof inzwischen bis auf die wacklige Fassade endgültig abgerissen wurde, »ein für die ›capitale azuréenne‹ unwürdiger Skandal«, wie das Lokalblatt wütet; eben entzückte einen noch die romantische Spazierfahrt in die Berge hoch hinauf nach l'Escarène – da liest man in der Zeitung, daß die Polizei in einer eher einem Verschlag als einer Behausung ähnlichen Baracke bei einer 60jährigen Frau 22 Hunde gefunden und sichergestellt hat, die dort sehr unromantisch unter unbeschreiblich barbarischen Umständen in kaninchenstallähnlichen Gatterkäfigen – ohne irgendeinen Auslauf – gehalten wurden; eben hat man sich mühsam jenen beschwerlichen »Sentier Frédéric Nietzsche« genannten Weg neu erwandert, der steil wie ein Ziegenpfad sich von Èze-Village hinabschlängelt – »il piccolo santo«, wie die Einheimischen den Philosophen nannten, verbrachte ja die Winter zwischen 1883 und 1888 in Nizza, wo der dritte Teil seines »Zarathustra« entstand –, da schimmert zwischen Pinien tief unten in der dünner werdenden Januarsonne quecksilbern das Meer, und weit weg grüßt von der Kuppe des Mont Boron das Fort von Vauban, dessen verfallene Türme noch gedeckt sind mit jenen Nizza-typischen farbig glasierten Dachziegeln, festliche Hauben faltig gewordener Bauersfrauen – da: ja, was?

Ein Otto Dix müßte man sein, ein George Grosz, wollte es einem gelingen, die vielen Gesichter der Stadt zu bannen, oft zaubrisch lächelnd, dann grimassierend, verführerisch lockend und abstoßend wie jene »Frau Welt«-Bilder mittelalterlicher Künstler. Unvergeßlich ist mir ein Augenblick, der das alles sinnbildlich zusammenfaßte. Da stand ich auf dem Friedhof bei Roquebrune über Menton, vor einem jüdischen Grab mit den Steinen darauf, gleich daneben ist Le Corbusier bestattet, seine Grabstätte so streng und linear wie seine Architektur – und darüber, leicht und heiter, schwebte das Leben: Als seien es die Engel, die die Seelen der Toten ins Firmament entführten, glitten zum Greifen nah Drachenflieger durch die Lüfte, junge fröhliche Menschen voller Kraft und Zukunft schwangen sich über Tod und Verwesung hinweg, spielten sich ins Leben hinein.

Gleichwohl war es bitter zu sehen, wie vernachlässigt das Grab des Weltberühmten dalag. Es mag sentimental sein, und auch ich weiß, daß ein Toter von schönem Blumenschmuck nichts mehr hat. Aber es schnitt mir doch ins Herz – so, wie ich vor dem Grab von Klaus Mann in Cannes stand, linkisch eine Rose in der Hand. Hier liegt nun – es heißt, dies sei der größte Friedhof Südfrankreichs, er wurde 1865 erbaut und erhielt seiner immensen Ausmaße wegen im Volksmund den Namen »Le Grand Jas« (der große Schafstall) –, hier also liegt nun Thomas Manns ältester Sohn, ein brillanter Geist, ein Elegant, der sich in den Salons von André Gide oder Cocteau so selbstverständlich bewegte wie früh schon an dieser Riviera, an der er sich mit nur 42 Jahren das Leben nahm; ein äußerlich betrachtet verwöhntes Leben im Schatten väterlichen Ruhms und in der Sonne mütterlichen Wohlstands, gut aussehend noch, als ich ihn 1948 in Berlin kennenlernte und ein wenig mehr als bewunderte; zeitlebens war er eingehüllt in den schwarzen Mantel homosexueller Einsamkeit und zerstörerischer Drogen. Ein altes Foto zeigt noch einen sorgsam gestalteten Grabstein, auf dem unter dem vollen Namen Klaus Heinrich Thomas Mann in englischer Sprache aus dem Lukasevangelium geschrieben steht »For Whosoever will save his life shall lose it But Whosoever will lose his life the same shall find it«.

Davon ist heute an dem »modern« gestalteten Grab nichts mehr zu sehen. Das banale Marmorgrab ist lieblos: ein paar Kunstblumen für ca. 3 Euro – das ist der verzweifelte deutsche Emigrant den Verlegern wert, die am Werk seines Vaters reich wurden und noch immer werden. Läge da nicht eine linkisch beschriftete kleine Holztafel (deutscher Besucher?), »Unvergessen«, beschwert mit ein paar Steinen für den Halbjuden, und ein verwelktes Sträußchen, es käme einen das Grausen an. Es kommt einen an. Ein Exilant noch im Tode.

Nizza ist einmalig in Europa, hat Nietzsche gesagt, der ihm »einen bestimmten africanism« bescheinigte und hier (1887) an vier aufeinanderfolgenden Tagen vier Aufführungen von Bizets Oper »Carmen« besuchte, die er so sehr bewunderte. So gleicht auch der Versuch, Nizza in Buchstaben zu bannen, dem Ausschöpfen des Mittelmeers mit einem Sieb; da hängt Tröpfchen für Tröpfchen am Schreibgerät, manches schimmert und funkelt, manches rinnt faul und fade; das Ganze packen, das kann nicht gelingen. Zumal der Ort, wie jede größere Stadt, sich rasend schnell verändert: Ein Schrottabladeplatz wird quasi über Nacht ein kleiner Olivenpark, das wunderbar unterhalb der Straße nach Villefranche gelegene »Hotel Palais Maeterlinck«, einst Sommersitz des Nobelpreisträgers und Schöpfers des Schauspiels »Pelléas et Mélisande«, trägt plötzlich ein Schild »Résidence«. Aber die früher heruntergekommene Place Masséna ist großartig neu angelegt samt sich hoch hinaufspielendem Springbrunnen. Nizza ist so unbeständig und wechselhaft wie das Meer: Mal spiegelnde Glätte, mal gischtende Brandung, so hat auch die Stadt ihre eigenen Gezeiten; sie ist so verlockend, so stachelig, so duftend, so farbprächtig wie jene schon lüstern und neidvoll bewunderten »Plateaux Crustacés« voll kleiner Muscheln und großer Krebse, meeresblanker Austern und schwarzhachelig verschlossener See-Igel, von den zart-rosa Fühlern der Langusten umfangen, mit Seetang garniert.

Beim Beschreiben erst merkt der Berichterstatter, was alles er leichtfertig übergangen hat: das Theaterchen mit dem aparten Namen »De L'Alphabet« oder das asiatische Museum, das sich in einer Art Robert-Wilson-Schick mit weißen Ledersofas, poliertem Marmor und derartig spiegelnden Glasvitrinen präsentiert, daß der 22armige Buddha oder bengalische Kostbarkeiten kaum zu erkennen sind; aber auch das »Palais Lascaris«, ein inmitten des Gassengewirrs vom »Vieux Nice« gelegener Palast aus dem 17. Jahrhundert, dessen Familien-(gleich Besitzer-)Geschichte so aufregend ist, wie die gut restaurierten Räume es sind mit ihrem »zivilen Barock«, bis zu herrlichen Deckengemälden oder der Dokumentation über Jazz in Nizza, schon 1919 von den damals 150 000 amerikanischen Soldaten eingeführt und von Boris Vian 1948 zu dem Höhepunkt des 1. Internationalen Jazz-Festivals der Welt gebracht.

So möge Nizza mir verzeihen, wenn ich so manche altersfaltige Kirche (wie die Kapelle »Misericorde« mit ihrem schlechterdings betörenden, wenngleich etwas zu schmuck restaurierten barokken Farb- und Formenspiel) nicht erwähnt, kleiner Sonderbarkeiten wie des »Boulevard Stalingrad«

(der geradenwegs in den »Boulevard Walesa« übergeht) nicht gedacht, viele der jugendbeschwingten Clubs nicht besucht, gern frequentierte Restaurants nicht genannt habe. Auch das kleine Märchen von der »Fête du Citron« im 20 Autominuten entfernt gelegenen Menton habe ich nicht erzählt, wo inmitten des Ortes ein zehn Meter hohes Pferd aus Zitronen in den Februar hineintrabt.

Es gibt ja jene Fee, Eroïna nissarda, auch »Volksheldin« genannt, namens Catherine Ségurane; sie gilt als Schutzpatronin Nizzas, das sie 1543 vor der Belagerung durch die Türken gerettet haben soll, indem sie – eine einfache Waschfrau – die Bevölkerung in die Schlacht geführt und den feindlichen Standartenträger mit einer Schaufel bewußtlos geschlagen habe; ihre Existenz wurde nie bewiesen – aber noch heute ist sie in Nizza hoch verehrt: Jedes Jahr am 25. November wird der Catherine-Ségurane-Tag gefeiert. Unter den Schutz dieser unirdischen Ikone stelle ich mich mit all meinen Sünden der Übertreibungen, Auslassungen, Beobachtungen voll falscher Zeugnisse und wahrhaftiger Hymnen. »Dieu me pardonnera, c'est son métier«, soll Heinrich Heine an seinem Ende gesagt haben. Und Vergebung ist auch das Metier einer Fee. Denn das Licht, das die Maler verzauberte, ist ja nicht dingfest zu machen, die Beschwingtheit, die Schriftsteller besangen, nicht zu imitieren. Atmosphäre ist wie Glück – man kann nur versuchen, es zu erhaschen. »Revenez« heißt das letzte Wort jenes Gedichts am Turmeingang vom Schmetterlingsmuseum von Tourette-Levens. Versprochen.

Mix
Produktgruppe aus vorbildlich bewirtschafteten Wäldern und anderen kontrollierten Herkünften
www.fsc.org Zert.-Nr. SGS-COC-001940
©1996 Forest Stewardship Council
FSC

Originalausgabe
2. Auflage

Umschlag: Max Bartholl, b3K Hamburg – Frankfurt a. M.
Satz: Gaby Michel, Hamburg
Druck und Bindung: GGP Media GmbH, Pößneck
Printed in Germany
ISBN 978-3-7160-2636-6

www.arche-verlag.com

Die Arbeit an diesem Buch wurde im Frühsommer des Jahres 2009 abgeschlossen.

Herman Bang / Joachim Kersten / Klaus Mann / Friedrich Sieburg *Eines Dichters letzte Reise*

Richard F. Burton / Ilija Trojanow *Oberammergau*

Albert Camus *Hochzeit des Lichts*

Anthony Capella *Kaffee oder Das Aroma der Liebe*

T Cooper *Beaufort*

Liane Dirks *Der Koch der Königin*

Stephen Elliott *Meine Freundin kommt in die Stadt*

Idwal Jones *Die Sterne von Paris*

Paul Klee *Gedichte*

Sabine Küchler *Was ich im Wald in Argentinien sah*

Anka Muhlstein *Die Austern des Monsieur Balzac*

Pablo Picasso *Wie man Wünsche am Schwanz packt*

Fritz J. Raddatz *Nizza – mon amour*

Jürgen Ritte *Bis auf die Knochen*

Sybil Gräfin Schönfeldt *»Zu Tisch, zu Tisch!«*

David Foster Wallace *Am Beispiel des Hummers*

ARCHE PARADIES
Herausgegeben von Denis Scheck

**Autoren aus aller Welt
erzählen vom Sinn der Sinnlichkeit**

»Ich verspreche Ihnen: eine Bibliothek der Sinne – Geschichten von Suppenkaspern und Erbsenzählern, Vielfraßen und Großkotzen, Nimmersatts und Hungerleidern, Gierschlünden und Kostverächtern … und dem einen oder anderen Schluckspecht.«

Denis Scheck

Sybil Gräfin Schönfeldt
»Zu Tisch, zu Tisch!«
272 Seiten. Leineneinband.
29,90 € [D]
ISBN 978-3-7160-2641-0

Sabine Küchler
Was ich im Wald in Argentinien sah
176 Seiten. Gebunden.
18,00 € [D]
ISBN 978-3-7160-2649-6

Fritz J. Raddatz über Rilke

»Wer war dieser Mann?

»In seinem Rilke-Buch erweist sich Fritz J. Raddatz wieder einmal als der Turbo unter den deutschsprachigen Essayisten.«

Frankfurter Allgemeine Zeitung

»Fritz J. Raddatz kunstvoller, biografischer Essay über Rainer Maria Rilke zeichnet den Dichter anregend und jenseits der Klischees.«

Die Welt

*»Raddatz schreibt klar, deutlich, schön und er schreibt sehr genau.
Er hat immer den ganzen Rilke im Blick, wie ein Gesamtkunstwerk.«*

MDR Figaro

»Ein farbiges Porträt des unsteten Sprachgenies und Lieblings adliger Damen – ein großer Lesegenuss!«

Focus

Die Antwort:
Geck, Gaukler und Genie.«